수익형

펜션
창업

절대
실패하지
않을

19 가지
조언

돈되는 펜션 만들기
두 번째 이야기

수 익 형
펜션 창업
절대 실패하지 **않을** 조언

19
가지

전용환
지음

지식공감

돈 얘기만 할 거다. 다른 얘기들은 모두 미뤄두고 돈 버는 일과 아끼는 방법만 주야장천 늘어놓을 작정이다. 너무 뻔해 보일까? 속물이라고 욕할까? 그래도 어쩔 수 없다. 다들 점잖은 척해도 속내는 한결같다. 펜션을 중심으로 한 모든 일의 근원엔 돈에 대한 관심과 욕망이 깔려있다. 펜션을 설계하는 사람이나 만드는 사람들 모두 돈을 벌기 위해 일을 한다. 펜션에서 일하는 직원들 역시 목적은 돈이다. 펜션에 놀러 오는 손님들조차 돈이 아깝지 않은 분위기와 서비스를 원한다.

아쉽게도 자기 돈을 투자해 펜션을 시작하려는 사람들만 다르다. 말로는 돈을 벌기 위해 펜션을 만든다고들 하지만, 곁에서 지켜보는 입장에선 조금 다르다. 돈을 벌기 위해 반드시 해야 할 일들과 절대 피해야 할 일들을 구분하지 못하는 경우가 태반이다. 헛돈 쓰는 일만 골라 하는 이들도 꽤 많다. 돈 버는 방법을 가르쳐주는 사람도 드물지만 돈 쓸 궁리에 바쁜 사람을 뜯어말려 줄 이는 더더욱 없다. 펜션 만드는 일에 모여든 사람들치고 돈 쓰겠다는 주인을 못마땅하게 여기는 이는 아무도 없다. 겉으론 다들 아닌 척해도 속으론 두 팔 벌려 환영이다. 애꽃은 주인들만 모른다. 돈 얘기? 귀에 못이 박히도록 지겹게 할 작정이다. 다 듣고 나면 저절로 고개가 끄덕여질 내용들이다.

펜션에 대해선 나름 무식하게 배웠다. 제법 늦은 나이에 펜션 건축과 인테리어에 발을 디뎠다. 끌어주는 사람, 보고 배울 책 한 권 없이 막연한 호기심에 이끌려 여기까지 왔다. 잡부 일도 마다한 적 없고 공사 막바지엔 주저 없이 바닥을 기며 걸레질도 했다. 힘들다는 생각보단 의아함이 앞서던 시절이었다. 펜션 시장의 규모나 숫자를 생각하면 어딘가 올바른 길을 알려줄 전문가 한둘쯤은 있을 줄 알았다. 보통은 꿈도 못 꿀 큰돈을 아무렇지 않게 쓰면서도 정작 장사에 대한 고민은 뒷전인 사람들이 태반이었다. 모든 게 놀랍고 생소했다. 사회생활을 통해 제법 많은 경험을 쌓아왔다고 여겼지만, 펜션 시장만큼 특이한 비즈니스는 난생처음이었다. 일 년에 삼백일 이상은 지방을 떠돌고 하루에도 몇 번씩 언성을 높이는 일이 다반사인 펜션 신축현장에 지금까지 남아 있을 수 있었던 이유도 펜션 사업의 독특한 매력 덕분이었다.

펜션은 대단히 색다른 비즈니스다. 장사와 사업의 중간쯤이랄까? 장사라고 보기엔 규모가 너무 크고, 사업이라고 말하기엔 어쭙잖다. 자신이 사는 집과 매장을 합친듯한 독특한 구조도 흥미롭다. 무엇보다 펜션 사업 자체를 대수롭지 않게 여기는 분위기가 압권이다. 다들 문만 열면 저절로 돈이 벌리는 줄 안다. 웬만한 배짱으론 쉽게 쓸 수 없는 큰돈을 서슴지 않고 투자하는 걸 보면 금세 알 수 있다. 그래서 다들 멋진 집을 짓는 일에만 열을 올린다. 장사나 매출은 뒷전이다. 실패에 대한 염려 따윈 아랑곳없다. 다들 얼마나 힘든 사업인지 상상도 못한다.

　펜션 비즈니스는 정직하다. 문을 열고 한두 달만 지나면 결과가 확연히 눈에 들어온다. '실시간예약시스템'이란 독특한 구조 때문이다. 두루뭉술 성패를 덮고 넘어갈 엄두도 못 낸다. 펜션을 짓는 과정에서 주고받았던 덕담이나 주변 사람들의 칭찬도 예약률과 매출 앞에선 아무 의미 없다. 기대했던 성과만 달성되면 서로의 마음속에 쌓여왔던 앙금 따윈 눈 녹듯 사라진다. 반대의 경우는 어떨까? 생각하기도 싫다. 결과를 객관적으로 확인할 수 있는 분명한 잣대는 양날의 검과 같다. 마

케팅을 다루는 입장에선 하루하루 칼날 위를 걷는 느낌이다. 매출에
대한 부담은 언제나 크고 무겁다. 대신 자잘한 하자나 시공에 대한 부
담은 상대적으로 적은 편이다. 원하는 만큼의 매출만 받쳐주면 대부분
못 본 척 눈감아 준다.

  지금껏 단 한 번도 주된 관심을 매출이 아닌 집 짓기에 쏟아본 적이
없다. 전공분야도 아닐뿐더러 집 짓기가 전문인 동료들의 몫이라는 믿
음 때문이다. 마케팅의 관점에서 볼 때 수익형 펜션 창업은 절대 간단
치 않다. 고민하고 결정해야 할 일들이 너무나 많다. 돈으로 해결할 수
없는 수많은 문제들을 풀어내야 한다. 시행착오를 감수하기엔 들어가
는 돈이 너무 많다. 덮어놓고 땅을 사서 집을 짓는 일이 펜션 창업의
전부가 아니다. 확실한 판매전략과 운영 계획이 먼저다. 땅에 손을 대
는 순간부터 돈은 걷잡을 수 없이 들어간다. 멈출 수도 없고 바꾸기도
쉽지 않다. 말 그대로 기호지세騎虎之勢다. 펜션 창업에 있어 기획의 중요
성을 강조하는 이유이며, 이 책을 쓰게 된 배경이다.

매출은 저절로 만들어지지 않는다. 시장에 대한 폭넓은 이해와 자신만의 차별화된 전략이 필요하다. 멋진 집을 짓는 일은 전문가들에게 맡겨도 충분하다. 우리에게 필요한 건 돈을 버는 방법과 장사를 하는 요령이다. 이 책에 담긴 대부분의 내용이다. 물론 성공을 담보하진 못한다. 실패할 확률을 확실히 줄여줄 핵심들만 추렸다. 누군가에게 따로 배운 내용들이 아니다. 참고할 만한 책 한 권 없었다. 무식하게 배웠고, 고생스럽게 익혀온 실제 경험과 노파심만 담았다. 보다 더 폭넓은 펜션 비즈니스 전반에 관한 내용은 앞서 펴낸 책『돈 되는 펜션 만들기』를 참고하기 바란다. 이 책을 이해하는데 훨씬 더 큰 도움이 되리라 믿는다.

　아울러, 전작에 이어 부족한 내용을 다듬어 또 한 권의 어엿한 책으로 만들어주신 도서출판 지식공감의 김재홍 대표님과 임직원분들께 깊은 감사의 인사를 드린다. 틈틈이 옆에서 많은 도움을 주고 있는 펜션프로젝트팀 로직의 협력업체 관계자들에게도 똑같은 마음이다. 무엇보다 지금까지 펜션 창업을 믿고 맡겨주었던 수많은 인연들의 끊임없는 격려와 성원에 가장 큰 고마움을 표하고 싶다.

CONTENTS ————————————————

수익형 펜션 창업을 준비하는 우리의 자세

수익형 펜션 창업의 기획 설계

C O N T E N T S ————————————————

수익형 펜션 창업의 건축과 인테리어 실전

수익형 펜션 창업의 운영 전략

CHAPTER 01

수익형 펜션 창업을 준비하는 우리의 자세

콜럼버스의 달걀?
달걀이 아닌 발상에 주목하자

펜션 창업을 대하는 올바른 자세   Check / Point

• 수익형 펜션의 비율은 3%에 불과하다.

• 당신의 마음에 드는 펜션만으론 살아남을 수 없다.

• 달걀에 현혹되지 말자. 달걀을 세운 발상의 전환이 핵심이다.

한 해 동안 전국을 통틀어 새롭게 문을 여는 펜션의 숫자는 대략 1,500에서 2,000여 개에 달한다. 지역별 펜션 증가율이 평균 8~10% 정도로 조사되고 있으니 얼추 비슷한 숫자라고 보아도 무방하다. 그럼, 해마다 새롭게 문을 여는 펜션들 중에 우리가 주목하는 수익형 펜션의 숫자는 얼마나 될까? 아무리 많이 잡아도 100여 개에 못 미친다. 못 미더운가?

수익형 펜션이란 비수기 주중을 기준으로 평균 예약률 50% 이상인 펜션을 말한다. 객실 10개를 기준으로 매일 5개 이상을 팔아야 수익형 펜션 범주에 든다. 언뜻 대수롭지 않아 보여도 수익형 펜션의 비율은 전국적으로 불과 3% 내외로 조사되고 있다. 매년 전체 수능 응시자 중 서울대 합격 비율은 1% 내외로 발표되고 있다. 연세대, 고려대를 통틀어도 2% 남짓이다. 결국 수익형 펜션 범주에 들기란 전교 1등을 차지하는 것만큼 어렵다는 뜻으로 풀이될 수 있다.

**당신이 충분한 매출을 올리지 못하는 이유는
고객의 눈높이가 아닌 당신의 맘에 드는 펜션을 만들었기 때문이다.**

일반적인 경우라면 비수기 주중 예약률 30% 이상인 자립형 펜션 수준만으로도 큰 어려움 없이 꾸려갈 수 있다. 하지만 이 비율조차 15% 내외인 점을 감안하면 펜션 사업이 얼마나 어려운지 금세 실감할 수 있다. 이 대목에서 한 가지 의문이 생긴다. '수익형 펜션=풀 빌라 펜션?'이라는 궁금증 말이다. 아쉽지만 풀 빌라 급 펜션들 중에서도 수익형 펜션의 비율은 5% 미만이다. 들인 돈만큼 장사가 잘 될 거란 헛된 희망은 버려도 좋다. 서울대 입학의 필수조건이 학생 본인의 노력 외에 극성맞은 엄마와 지갑 두둑한 할아버지라는 우스갯소리도 있지만, 펜션은 다르다.

투자? 개인이 운영하는 자영업 중에 펜션이 돈이 제일 많이 드는 사업이라는 점은 분명하다. 실제로 투자에 대한 부담 때문에 창업을 망설이는 사람들도 꽤나 많다. 대부분 잘못된 잣대로 펜션을 바라본 탓이다. 남들보다 많은 돈을 써야 장사가 될 거라는 막연한 믿음이 문제다. 얼마를 투자해야 할지 기준조차 모호하다. 그래서 다들 자기 손에 쥔 돈에 조바심을 느낀다. 많은 투자가 최선의 선택일까? 절대 아니다. 사업의 성공이 투자 순이라면 사업을 시작할 이유가 없다. 최소한의 투자로 원하는 만큼의 돈을 벌 수 있는 방법을 찾아야 한다. 투자가 늘어날수록 부담도 커진다는 사실을 잊지 말자.

규모? 마찬가지다. 최근엔 펜션도 규모가 점점 더 커져가는 추세다. 주택 경기가 전만 못하다 보니 중소규모의 건설사나 시행사 쪽에서도 펜션을 넘보기 시작했고, 철 지난 분양 사업에 다시 뛰어든 이들도 많아졌다. 심지어 개인들조차 규모를 키우는 일에 망설이지 않는다. 잘못된 판단이다. 펜션은 호텔이나 리조트와는 전혀 다른 성격의 사업이다. 규모로 승부를 보려는 생각 자체가 틀렸다. 규모를 키우면 당장 큰돈을 벌 것 같아도 실상은 다르다. 객실 10개 정도는 어느 정도 예약이차면 금세 눈에 띈다. 예약을 고민하는 사람들에게 좋은 이미지를 줄수 있다. 반대로 규모가 2~30개로 늘어나면 웬만큼 방이 팔려도 표가나지 않는다. 소비자들의 관심도 그만큼 줄어든다. 판매뿐만 아니라 서비스와 관리에 들어가는 노력과 비용도 몇 갑절 늘어난다.

노력? 전국에 있는 3만여 개 펜션들은 단 한 집도 빠짐없이 죽을 힘을 다해 노력하고 있다. 다들 밤을 새워 고민하고, 매일같이 최선을 다한다. 손님들의 사소한 말 한마디에 전전긍긍 애를 태우고, 방 하나를 더 팔기 위해 온갖 수모도 마다하지 않는다. 그런데도 격차는 분명하다. 다들 펜션을 시작하기 전부터 최선을 다했음에도 말이다. 맘에 드는 펜션을 찾아 열심히 귀동냥을 하고, 맘에 드는 땅을 찾기 위해 동분서주한다. 맘에 드는 디자인과 맘에 드는 업체라면 천리 길도 마다하지 않고, 맘에 드는 가구와 그릇을 고르기 위해 밤잠을 설치기 일쑤다. 하지만 정작 문을 열어도 손님이 들지 않아 속을 태운다. 왜 이럴까? 노력의 문제가 아니다. 방향이 틀린 탓이다. 고객의 눈높이는 아랑곳없이 오로지 내 맘에 드는 펜션을 만들기 위해 노력한 결과다.

업체의 잘못? 비겁한 변명이다. 돈을 떼먹고 도망을 갔거나 심각한 하자도 못 본 척하는 막돼먹은 일부를 빼면 결코 그들을 비난할 순 없다. 대부분의 업체들은 자신들의 능력과 기술로 당신 맘에 드는 펜션을 만들기 위해 최선을 다한다. 결과가 맘에 들지 않는다면 그마저도 당신의 책임이다. 펜션은 하루아침에 뚝딱 만들어지지 않는다. 들어간 시간과 노력을 생각하면, 결과 역시 당신의 노력에 따라 얼마든지 달라질 수 있었다는 사실을 인정해야 한다. 남 탓을 하기 전에 자신의 게으름부터 반성해야 한다.

마음에 드는 펜션? 돈이 되는 펜션?
두 마리 토끼를 동시에 쫓을 순 없다는 사실을 명심하자!

새롭게 창업을 시작한 사람들은 자기 맘에 드는 펜션을 만드는 재미에 한동안 푹 빠진다. 물론 그들 스스로는 전혀 못 느낀다. 혹여 옆에서 물어봐도 극구 부인하거나 엉뚱한 소리만 늘어놓는다. 정작 이런 일들이 얼마나 부질없는진 문을 연 다음에야 깨닫는다. 정말로 돈을 벌 욕심이라면 관점부터 바꿔야 한다. 맘에 드는 땅, 맘에 드는 디자인, 자기 맘에 드는 집만으론 결코 큰돈을 벌 수 없다. 하나부터 열까지 판매를 염두에 두어야 한다. 판매를 받쳐줄 서비스와 효율적인 관리도 중요하다. 다소 맘에 들지 않는 땅도 펜션 운영에 알맞다면 망설이지 말아야 한다. 자기 성에 차진 않아도 고객의 눈높이에 맞는 디자인을 택할 수 있는 과감한 결단도 필요하다. 경쟁자를 이기기 위해서라면 남들보다 낮은 가격으로 객실을 팔 수 있는 용기도 필요하다.

콜럼버스의 달걀이 주는 교훈을 찬찬히 곱씹어 보자. 달걀을 세웠다는 사실 그 자체보단 발상의 전환에 의미를 두어야 마땅하다. 펜션은 맘에 드는 집보단 잘 팔릴 상품이 되어야 한다. 물론 그 과정은 어렵고 힘들다. 상품의 관점에서 펜션을 만들다 보면 내 마음에 들지 않는 부분이 하나둘 늘어난다. 끝내 화를 참지 못하는 상황도 벌어진다. 집 짓는 재미를 느끼긴커녕 맘고생만 심해진다. 오랜 기간 펜션 창업을 도와 왔던 수많은 펜션 주인들에게서 발견한 공통점이다. 그래도 그들이 끝까지 참아낼 수 있었던 이유는 장사가 되고 돈을 벌었기 때문이다. 만약 단 한 곳이라도 실패했다면 어땠을까? 상상에 맡기겠다.

돈 버는 일과 아끼는 방법에 대해서만 주야장천 늘어놓겠다고 말한 이유다. 펜션도 엄연한 사업이다. 돈을 벌기 위한 상품을 만들어야 한다. 펜션은 따로 음식을 만들어 팔거나 제품을 떼다 파는 장사가 아니다. 집 자체가 상품이다. 자기 집이라는 막연한 애착이 끼어들 틈이 없다. 마음에 드는 집과 돈 되는 상품을 동시에 만들긴 어렵다. 한쪽을 포기해야 한다면 어느 쪽을 택해야 할지 곰곰이 따져보자. 지금껏 매출을 만드는 일 외에 별다른 관심을 둔 적이 없다고 말한 이유다. 내 마음에 드는 집이란 미련과 환상을 버려야 한다. 적어도 돈이 되는 펜션을 꿈꾼다면 말이다.

02

소비자들의 마음을
훔칠 수 있어야 살아남는다

    펜션은 '이미지Image'를 파는 사업이다. 고객은 펜션 홈페이지에 소개
된 사진을 보고 구매예약를 결정한다. 예약과 동시에 결제가 이루어지는
펜션 비즈니스의 특성을 감안하면 판매는 예약이 종료되는 시점에서
사실상 끝난다고 봐도 무방하다. 고객이 입실한 순간부터는 펜션의 호
의적인 이미지를 유지하기 위한 '서비스와 관리'만 남는다. 펜션 사업은
여타의 자영업보다 훨씬 수월하다. 음식을 먹고 난 후에 '맛이 있네 없
네' 하는 식의 타박 따윈 들을 일이 거의 없다. 사진에 보이는 이미지와
실제 객실의 분위기가 똑같기만 하면 고객은 아무런 불만이 없다. 이

미 계산도 끝낸 상태이기 때문에 적절한 서비스와 안정적인 관리로 소비자를 만족시키면 그만이다.

펜션 마케팅에 포지셔닝 전략을 끌어들인 이유다. 현대의 소비자들은 제품의 기능이나 사양보다 브랜드 이미지에 집중하는 경향을 보인다. 소비자들의 뇌리 속에 '가치 있는 브랜드'라는 인식이 자리 잡는 순간, 다른 제품이 끼어들 여지는 별로 없다. 펜션도 마찬가지다. 예약을 위해 홈페이지를 찾아보는 순간 남들과 다른 강력한 이미지를 심어줄 수 있어야 한다. 단순히 '고급'이라는 이미지에만 매달려선 살아남기 어렵다.

튀지 말고 차별화하라.

고급이라는 이미지도 결코 쉽지 않다. 내심 '이 정도면 우리 동네에선 최고급 아니겠어?'라는 확신도 소비자들 눈에 '가격에 비해 별론데!'라고 비치는 순간 물거품이 되고 만다. 고급이라는 이미지를 끝까지 밀어붙이려면 비싼 가격을 뛰어넘는 투자와 노력이 필요하다. 'made in china'라고 쓰인 라벨Label 하나가 고객의 눈에 띄는 순간 고급이라는 이미지는 여지없이 무너진다. 욕실에 비치된 업소용 샴푸나 싸구려 목욕용품도 마찬가지다. 심지어 옆방에 놀러 온 다른 손님들의 흥겨운 소리마저도 시빗거리가 될 때가 많다. 상당수 풀 빌라 펜션이 초반의 판매

호조에도 불구하고 어느새 속절없이 매출이 줄어드는 원인이다. 고급이라는 이미지 하나만으로 승부를 보기엔 한계가 너무 크다. 더없이 호화스러운 수많은 경쟁자들과 펜션 말고도 소비자들이 선택할 수 있는 대안들이 넘쳐나기 때문이다.

고급이라는 환상에서 벗어나면 수없이 많은 대안들이 눈에 들어온다. 펜션은 여행이라는 행위와 맞닿아 있다. 여행은 새로운 체험이다. 일상에서 맛볼 수 없었던 색다른 체험을 떠올려 보면 만들어 낼 수 있는 이미지는 무수히 많다. 굳이 고급이란 이미지에 매달릴 필요가 없다. 애견이나 키즈를 테마로 한 펜션들은 점점 더 굳건히 자리를 잡아가는 추세다. 전에 볼 수 없었던 독특한 콘셉트의 펜션들도 차츰 더 늘어나고 있다.

남들과 달라야 한다는 강박은 가끔씩 엉뚱한 일들을 벌인다. 유명한 건축가를 찾아가 전에 없던 특이한 구조의 펜션을 만드는 일 따위다. 듣도 보도 못한 디자인으로 객실을 도배하는 펜션들도 심심찮게 눈에 띈다. 결과는? 언제나 좋지 않다. 건축가는 '상품'이 아닌 '작품'을 만드는 데 최선을 다한다. 지나치게 튀는 디자인도 마찬가지다. 새롭다기보단 어색하다는 느낌을 주기 십상이다. 튀지 말고 차별화하란 말은 전에 없던 특이한 걸 만들어내란 소리가 아니다. 익숙함에 변화를 더해 남들이 선보이지 못한 새로운 이미지를 만들어야 한다는 뜻이다.

제법 오래된 사례지만 한때 삼성 휴대폰 애니콜이 시장을 석권할 수 있었던 이유도 '한국 지형에 강하다!'라는 강력한 메시지 덕분이었다. 실제로 애니콜의 성능이 외국산 휴대폰보다 월등하다는 근거는 그 어디에서도 찾을 수 없었다. 단지 소비자들의 머릿속에 쉽게 잊히지 않을 강력한 이미지를 심어주었을 뿐이다.

코끼리를 냉장고에 집어넣어 보자!

차별화의 가장 큰 걸림돌은 틀에 박힌 사고와 고정관념이다. 매번 새로운 펜션을 만들 때마다 반복되는 악순환이 있다. 인테리어에 대한 의견 차이 때문에 생기는 갈등이다. 보다 과감한 디자인을 시도하려고 할 땐 특히 더하다. 가끔은 건축주와 싸우는 일까지 생긴다. 도배가 일반적이던 시절엔 페인팅 마감이 문제였다. 방안에 제일 먼저 월풀을 들였을 땐 다들 펄쩍 뛰었다. 습기가 집을 망친다는 판에 박힌 생각을 바꾸기까진 적잖은 시간이 걸렸다. 요즘은 흔히 보는 노출 콘크리트 마감을 택했을 땐 공사를 중단할 지경까지 갔었다. 공사비를 아끼려는 수작 아니냐는 험한 소리까지 들었다. 하지만 다들 문을 연 후 손님이 물밀 듯 밀려들면 언제 그랬냐는 식으로 어물쩍 넘어간다. 심지어 멀쩡한 방을 뜯어서 다시 바꿔달라던 이들도 있었다. 정말 돈에 대한 욕심이란 끝이 없다.

고정관념은 생각보다 무섭다. 펜션 창업과 관련된 상담을 하다 보면 아직도 고급이란 이미지에서 크게 벗어나지 못하는 사람들을 자주 만난다. 다들 월풀이나 스파가 기본인 줄 안다. 돈에 여유를 부리는 수준까지 가면 온수를 채운 사계절 전용 풀^{Pool}쯤은 대수롭지 않게 여긴다. 이미 철 지난 아이템이라고 설명해주면 이상한 사람인 양 쳐다보기 일쑤다. 커플실 정도 규모면 싱크대 위의 수납장은 쓸모없다고 말해도 요지부동이다. 이런 고정관념에 빠져있는 사람들은 대부분 두 번 다시 연락도 없다. 모두 다 펜션을 잘 꾸민 고급 숙박 정도로 여긴 탓이다.

고급 숙박은 호텔이나 콘도미니엄, 모텔의 영역이다. 펜션은 다르다. 고급보단 '새로움'이 필요하다. 고급도 나름의 전략이 될 순 있다. 다만 더 많은 돈을 앞세운 후발주자들에겐 속수무책이란 점이 문제다. 소박한 정서에 기대어 출발한 펜션이 고급화 일색으로 치우쳐버린 까닭도 간단하다. 고급이란 손쉬운 선택을 끊임없이 반복한 결과다. 앞서 만들어진 펜션들보다 더 많은 돈을 쏟아부었을 뿐 차별화된 전략 따윈 거들떠본 적도 없다. 그렇게 앞다투어 투자를 한 결과가 지금의 펜션 시장이다. 수익형 펜션의 비율이 고작 3% 남짓에 불과한 가장 큰 이유가 아닐까 싶다.

소비자와 시장은 언제나 옳다!

소비자들도 더 이상 펜션을 자기 과시의 수단으로 여기지 않는다. 여자친구의 환심을 사기 위해 한 달 동안 고생해서 모은 아르바이트 월급을 하룻밤에 털어 넣던 시절은 옛날에 끝났다. 오히려 초창기 펜션 시장에서 볼 수 있었던 합리적인 소비로 되돌아가는 모습이다. 커플 위주의 고급 펜션보다는 힐링Healing이나 휴식, 이색적인 체험을 중시하는 가족 단위 고객의 비중이 점점 더 늘어나고 있다. 결코 개인적인 주장이나 바람이 아니다. 시장의 흐름과 여러 통계에서 나온 결론이다.

포지셔닝 전략에 따른 차별화는 시장에서 답을 찾아야 한다. 시장은 끊임없이 움직인다. 시장의 흐름을 유심히 살펴보면 원하는 답이 보인다. 한 가지 예를 들어보자. 꽤나 오랜 기간 동안 동해안의 자그마한 해수욕장들은 고전을 면치 못했다. 워터파크나 해외로 발길을 돌린 수많은 젊은이들 때문이었다. 경포대나 낙산 해수욕장조차 피서객이 뜸할 정도였다. 그런데 불과 2~3년 사이 놀라운 변화가 젊은이들을 다시금 불러들이고 있다. 서핑Surfing으로 인해 생겨난 새로운 변화다. 외국에서나 보던 서핑 인구가 급격히 늘어나면서 동해안 7번 국도를 따라 줄지어 있는 해변들마다 북새통을 이루고 있다. 덩달아 서퍼Surfer들을 상대로 한 카페나 음식점들도 크게 늘어났다. 심지어 몇몇 곳들은 이미 전국적인 유명세를 톡톡히 치르고 있다. 아쉽게도 이런 호재를 기회로 삼는 펜션들이 별로 없어 씁쓸할 따름이다. 서핑이라는 새로운 흐름을 기회로 삼을 방법은 얼마든지 있다. 불과 몇 시간만 인터넷을 뒤져도 참고할만한 콘셉트는 차고 넘친다. 여름 한철 장사로 폄하한다면 더더욱 바보다. 서퍼들의 문화를 조금만 이해한다면 사시사철 안정적인 시장을 만들 수 있다는 사실을 금세 깨달을 수 있다.

통장의 잔고만 바라보며 머리를 쥐어짜거나, 남들이 만든 펜션을 마냥 부러워해봐야 답은 얻어지지 않는다. 언제나 답은 시장에 있다. 엉뚱한 곳에서 헤매지 말자. 소비자들도 더 이상 옥석玉石을 가리느라 애쓰지 않는다. 널리고 널린 뻔한 펜션들을 눈여겨볼 겨를이 없다. 살아남기 위해선 눈에 띄어야 된다. 차별화? 어찌 보면 별거 아니다. 고만고만한 무리들 틈에서 벗어나 나만의 자리를 찾으면 된다. 소비자들의 마음을 단번에 사로잡을 수 있는 독특한 경쟁력을 찾아야 한다. 수익형 펜션 창업에 있어 시장 조사를 유독 강조하는 까닭이다.

03

내가 찾아 들어가야 할
빈자리를 찾자

시장 조사의 필요성   Check / Point

• 수익형 펜션 창업의 첫걸음은 시장 조사다.
• 남의 성공을 부러워할 이유는 없다. 나만의 경쟁력을 찾자.
• 소비자의 필요와 요구에 맞는 펜션은 언제나 살아남았다.

　펜션 창업에서 시장 조사를 강조하는 이유는 간단하다. 시장의 흐름
을 파악해 남들이 미처 발견하지 못한 빈자리를 찾는 일은, 맘에 드는
땅을 찾아다니는 일보다 훨씬 더 큰 가치를 가진다. 펜션 창업이라는
큰일을 앞둔 사람들조차 시장 조사를 대수롭지 않게 여길 때가 많다.
시장 조사에 대한 태도 역시 크게 갈린다. 무슨 소용 있냐는 쪽과 어
떻게 해야 할지 모르겠다는 쪽으로 나뉜다. 그나마 후자가 조금 더 낫
다. 전자는 펜션 자체를 너무 만만히 여기는 사람들이다. 고집도 센 편
이라 올바른 조언도 귀담아듣지 않는다. 반대로 후자는 어느 정도 개

념이 잡혀 있어 훨씬 수월하다. 전자는 어떨까? 대부분 자기 고집대로 밀어붙인다. 결과는 각자의 상상에 맡긴다.

솥을 건 자리만 바뀌어도
음식 맛이 달라진다는 사실을 기억하자!

성공한 사람들의 자기계발서나 자서전엔 눈길조차 주지 않는 편이다. 승자들의 자화자찬이나 무용담 따윈 큰 의미 없다고 믿는 탓이다. 차라리 실패한 사례들 속에서 더 많은 교훈을 배울 수 있다. 펜션 창업도 마찬가지다. 온통 붉게 물든 예약 현황을 바라보며 부러워해 본들 아무 소용 없다. 동경해 마지않던 펜션을 똑같이 베껴도 마찬가지다. 겉보기엔 비슷해 보일지 몰라도 똑같은 매출까지 기대하긴 어렵다. 유명한 냉면집의 육수 뽑는 비법이 얼마에 팔린다더라 식의 풍문과는 별개로, 같은 프랜차이즈 음식점들조차 매출은 제각각이다. 잘 되는 펜션은 그 나름의 이유가 있다. 밖으로 드러난 겉모습이 전부는 아니다.

시장 조사는 장사가 잘 된다고 소문난 펜션들을 찾아다니거나 맘에 드는 펜션 사진을 모으는 일과는 거리가 멀다. 각각의 펜션들의 장단점을 파악해 내 것으로 만드는 과정이다. 겉으로 보이는 규모에 취하거나 남이 이룬 성과만을 부러워할 일이 아니다. 오히려 매출이 시원찮은 펜션들을 반면교사로 삼아야 한다. 같은 실수를 되풀이해선 곤란하다.

성공의 비결보다 실패의 교훈이 훨씬 더 중요하다. 애써 외면하고 지나 치지만 않는다면 말이다.

자신이 창업할 지역 전체를 폭넓게 살피자. 여력이 닿는 한 지역을 넓혀 최대한 많은 펜션들을 조사해보면 더욱 좋다. 대신 덮어놓고 예약 현황부터 들춰보는 짓은 피해야 한다. 사람의 마음이란 지나치게 간사하다. 예약률이 높은 펜션은 마냥 좋아 보이고 반대의 경우는 색안경부터 끼게 마련이다. 인터넷에 떠도는 풍문이나 조언이랍시고 거드는 말들도 무시하자. 돈 버는 펜션을 만드는 데 아무런 도움도 안 된다. 펜션 홈페이지를 찾아볼 땐 객관적인 시선으로 여러 가지를 살피자. 객관적인 기준을 세우기 어렵다면 펜션 비즈니스의 8가지 요소를 참고하면 된다.

입지	접근성	고객층	건축
인테리어	시설	서비스	가격

– 보다 더 자세한 내용은 『돈 되는 펜션 만들기』(도서출판 지식공감)를 참조

객관적인 조사와 평가를 마친 다음 실시간 예약을 확인해 보자. 예약률이 기대에 훨씬 못 미치거나 예상을 웃도는 경우를 자주 보게 된다. 색안경을 벗고 냉정한 시선으로 바라보아야 할 이유다. 조사를 할 땐 꼼꼼히 기록하고 떠오르는 단상들이나 아이디어도 따로 메모하자. 내용이 쌓일수록 시장의 흐름이 눈에 띄고 내가 찾아 들어가야 할 빈

자리가 보인다. 건축박람회나 이름난 펜션들을 쫓아다니는 일들보다 훨씬 더 큰 도움이 된다.

　빈자리란 의미는 돈을 벌 기회를 뜻한다. 체계적인 시장 조사는 막연하고 추상적이던 생각들을 조금씩 구체화해준다. 창업할 지역의 특성들이 보이고 남들과 전혀 다른 펜션이 머릿속에 떠오른다. 커플이나 가족 같은 단순한 개념에서 벗어난 색다른 테마와 콘셉트가 눈에 들어온다. 돈을 버는 방법과 장사에 대한 감도 익힐 수 있다. 지역마다 천편일률적인 시설과 엇비슷한 인테리어로 꾸며진 펜션들이 몰려있는 이유도 구체적인 시장 조사 없이 서로를 따라 하기 급급했던 탓이다. 꾸준한 시장 조사는 나만의 경쟁력을 확보할 힘을 보태준다.

소나 돼지, 닭이
꾸준히 팔리는 이유를 떠올려 보면 답이 보인다.

　시장 조사를 통해 얻을 수 있는 정보들은 생각 외로 많다. 지역에서 운영되고 있는 펜션들의 예약률은 기본이며, 객실 요금과 연동시켜 따져보면 대강의 매출까지 가늠해 볼 수 있다. 겉으로 보이는 규모와 부대시설을 가늠해 보면 고용하고 있는 직원 숫자도 점쳐볼 수 있을 정도다. 세세한 속 사정까진 몰라도 대강의 수익까지 예상할 수 있다. 수익형 펜션 수준의 예약률을 유지하고 있는 펜션들만 따로 뽑아보면 내가 만들어야 할 펜션의 대략적인 형태가 그려진다. 주된 고객층과 객실 요금에 따른 수요의 크기가 보인다. 건축 형태나 인테리어 디자인을 분류해 나가다 보면 기존의 펜션들과 차별화시킬 수 있는 지점들이 자연스레 떠오른다. 서비스 시설과 부대시설을 조사해보면 원활한 판매를 위해 해야 할 일들도 정리된다. 이 모든 정보를 취합해서 고민하고 분석해 보면 내가 만들어가야 할 수익형 펜션의 모습이 점점 더 구체화된다.

자영업 600만 시대다. 너도나도 죽는다고 아우성치지만, 버는 사람은 항상 벌어왔다. 펜션도 매년 꾸준히 늘어나는 걸 보면 여전히 돈이 된다는 방증이다. 양극화가 심해졌다곤 해도 절대 없어지지 않을 사업이다. 물론 과거에 비해 달라진 점도 있다. 소비자들은 펜션을 더 이상 열광적인 상품으로 여기진 않는다. 오히려 꾸준히 팔리는 스테디셀러라고 보는 편이 맞다. 펜션이 가지는 독특한 위치 덕분이다. 호텔이나 콘도미니엄, 모텔과는 전혀 다른 성격의 상품이다. 적어도 아직까진 펜션을 대체할 상품은 시장에 등장하지 않았다.

기본에 충실하자. 간단히 돈으로 승부를 보던 시절은 이미 끝났다. 펜션은 펜션다워야 한다. 제아무리 새로운 식자재가 늘어나도, 소나 돼지, 닭을 주재료로 한 식당들을 이기지 못하는 이유가 있다. '내가 찾아야 할 빈자리'라는 의미도 분명히 해야 한다. 고급스러운 인테리어와 화려한 시설로 꾸민 펜션을 만들라는 소리가 아니다. 소비자들의 다양한 요구와 필요에 맞는 펜션을 찾아야 한다. 소비자의 요구와 필요도 어렵게 생각할 이유는 없다. 수요가 많은 쪽, 좀 더 잘 팔릴 수 있는 쪽을 택하면 된다. 보다 더 차별화된 테마와 경쟁력 있는 콘셉트로 맞서면 간단히 해결된다.

소비자?
수요의 크기를 잣대 삼아 선택하자

수요 선택의 원칙   Check / Point

• 소비자들은 스스로의 필요나 요구를 입 밖으로 꺼내지 않는다.
• 막연하게 뭉뚱그려져 있는 소비자라는 개념을 보다 더 세분화시키자.
• 수요의 크기를 잣대 삼아 가장 큰 몫의 파이를 선택하자.

함께 일하는 동료 중에 틈나는 대로 온라인 이벤트에 응모해 공짜 쿠폰을 열심히 모으는 친구가 하나 있다. 덕분에 온라인에 각종 설문이나 제품 관련 기대평을 올려주면 공짜 쿠폰을 나눠주는 이벤트가 꽤 많다는 사실을 최근에야 알게 되었다. 커피를 꽤나 즐기는 탓에 가끔 그 친구가 사주는 공짜 커피를 마시는 재미가 제법 쏠쏠하다. 물밀듯이 쏟아지는 스팸 메일이나 광고 문자를 묵묵히 참아내는 모습을 곁에서 지켜볼 땐 대단하단 생각도 든다. 애꿎은 쿠폰만 낭비하는 일인지는 몰라도 끊임없이 이런 행사가 반복되는 이유가 있다. 소비자들이 여간해선 입을 열지 않기 때문이다. 당당하게 전화를 걸어 자신들이 원하는 상품이나 서비스에 대한 의견을 말하는 소비자는 거의 없다. 대부분 불평불만만 쏟아낼 뿐이다.

**대다수 소비자들은 스스로가 원하는 바를
일목요연하게 설명할 줄 모른다.**

펜션만큼 소비자에 대한 개념이 불분명한 비즈니스도 드물다. 우리 집을 예약하고 놀러 오는 모든 사람들을 뭉뚱그려 소비자라고 여긴다. 겉으론 커플 펜션이라고 광고를 하면서도 가족 단위 고객의 예약을 막아서는 일도 거의 없다. 더욱 심한 건 커플에 맞는 구조나 시설이 아닌 경우가 태반이라는 점이다. 솔직히 대다수 펜션들은 커플, 가족, 단체의 경계나 개념조차 불분명하다. 별다른 생각 없이 집을 지어 제일 작은방은 커플실, 좀 더 크면 가족실, 가장 큰방은 단체실로 나누어 팔 따름이다. 고객들도 딱히 이런 구분에 크게 연연하지도 않는다. 막연하게 값싸고 분위기 좋은 펜션을 찾아다니는 게 고작이다. 결국 파는 사람이나 사는 사람 양쪽 모두 무엇을 사고파는지 정확히 모른다는 공통점을 발견하게 된다. 단지 그 차이는 매출로만 나타난다. 펜션이 실패하는 이유도 대부분 이 지점에서 출발한다. 서로가 서로를 모른다. 파는 쪽은 사는 쪽이 원하는 바를 알지 못하고, 사는 쪽 역시 파는 사람이 구체적으로 무얼 파는지 관심조차 없다.

고객 세분화는 더 이상 새로울 것도 없는 고전적인 마케팅 개념이다. 초밥집이나 짬뽕 전문점처럼 여러 메뉴 중에 단품 하나만 따로 떼어내 판매하는 방식이 가장 전형적인 고객 세분화다. 여기서 한 가지 사실에 주목해보자. 과연 소비자들은 그들 스스로가 원하는 바를 정확히 알고 있을까 하는 점이다. "중국집에 가면 매번 짬뽕만 먹는데 짬뽕만 따로 파는 가게는 없나요?"라는 구체적인 요구가 모여 짬뽕 전문점이 탄생했느냐는 의문이 생긴다. 결코 아니다. 소비자들은 스스로의 필요와 요구가 무엇인지 구체적으로 잘 모른다. 새로운 제품이나 서비스가 시장에 나왔을 때야 비로소 깨닫는다. 그다음은? 열광적인 소비 아니면 싸늘한 무관심으로 갈린다.

커플 펜션이 처음 등장했을 때도 마찬가지였다. 펜션이라고 하면 가족 끼리 가까운 근교를 찾아 하룻밤을 지내다 오는 색다른 숙박 시설쯤으로 여겼었다. 그러던 차에 연인이나 젊은 부부만을 상대로 한 커플 펜션이 등장해 큰 인기를 누리게 된다. 커플들은 가족이나 단체와 한 공간에서 머무는 걸 달가워하지 않는다. 타인의 시선이 불편하기 때문이다. 물론 이런 이유로 딱히 커플만 갈 수 있는 펜션을 따로 만들어달라고 요구한 적도 없었다. 비수기 주중에 방을 채우려던 펜션 나름의 궁리가 만들어낸 우연의 결과일 뿐이었다. 시작은 우연이었지만, 소비자들의 필요와 요구가 맞아떨어져 한동안 큰 인기를 끌 수 있었던 거다.

소비자들을 상대로 한 모든 제품과 서비스는 메시지가 간결해야 먹

한다. 메시지가 간결해지려면 소비자라는 큰 덩어리를 잘게 잘라 구체적으로 원하는 바를 명확하게 제시할 수 있어야 한다. 이런저런 미사여구나 잡다한 기능 따위를 억지로 합쳐봐야 큰 효과를 거두긴 어렵다. 펜션에 비유하면 커플과 가족, 단체 모두에게 방을 팔려는 심보와 같다. 커플과 가족, 단체는 각자가 원하는 객실의 구조와 부대시설의 종류, 제공되는 서비스까지 모두 다르다. 단순히 방 크기에 맞춰 모두를 상대하려는 태도는 짬뽕 전문점에서 짜장도 팔고 탕수육도 팔고, 심지어 국밥까지 파는 일과 별반 다르지 않다.

선택의 기준은
수요의 크기를 잣대 삼으면 된다.

펜션을 창업할 때 어떤 유형의 소비자를 주된 대상^{Target}으로 삼을지를 결정하는 일은 대단히 중요한 의미가 있다. 펜션 자체를 상품이라고 볼 때 구매 확률이 높은 소비자 군群을 선택해야 원하는 만큼의 매출과 수익을 거둘 수 있다. 인테리어와 부대시설, 서비스 같은 펜션의 모든 것들이 소비자의 눈높이에 맞춰져야 한다. 고객의 필요와 요구를 벗어난 펜션은 성공할 수 없다. 다만 문제는 소비자라는 개념이 워낙 추상적이고 광범위하다는 데 있다. 어떤 유형의 소비자에게 맞춰야 할지 선뜻 결정하기가 어렵다. 이럴 땐 수요의 크기를 잣대로 삼으면 쉽게 풀린다. 몇 가지 구체적인 사례를 통해 알아보자.

일반적으로 가장 흔히 볼 수 있는 커플이나 가족을 상대로 한 펜션의 경우, 어떤 기준으로 소비자층을 선택하는 게 가장 바람직할까? 여러 가지 기준이 있겠지만 소비 여력으로 범위를 좁혀보자.

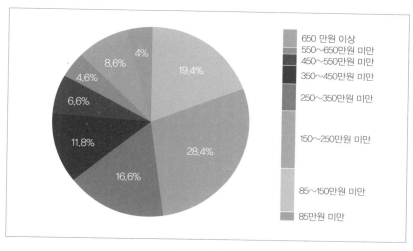

650 만원 이상
550~650만원 미만
450~550만원 미만
350~450만원 미만
250~350만원 미만

150~250만원 미만

85~150만원 미만

85만원 미만

-통계청 '임금 근로 일자리표 소득 분포 분석(2015 기준)

위의 표는 우리나라 직장인들의 소득 분포를 분석한 통계청 자료다. 파이Pie라는 말의 의미를 떠올려본다면 어느 쪽 파이가 더 큰지 한눈에 들어온다. 물론 소득 수준이 낮은 직장인은 값싼 펜션을 선호하고 소득이 높은 사람들만 풀 빌라 펜션을 이용한다는 뜻은 결코 아니다. 고객 세분화를 단순히 소득에만 국한 짓는 방식이 얼마나 위험한지도 잘 안다. 하지만 소비 여력 자체를 무시하긴 어렵다. 돈에 여유가 있어야 값비싼 제품을 망설임 없이 살 수 있다는 사실을 부정하긴 어렵다. 여기서 강조하고 싶은 부분은 수요의 크기다. 소득 수준이 특정 구간에 압도적으로 몰려있다는 사실을 보면, 우리가 생각하는 고급이라는 개념이 얼마나 적은 수요를 상대하고 있는지 금세 알 수 있다. 아직도 대다수 신축 펜션들이 고급에 매달린다. 굳이 고급을 내세우고 싶다면 내 몫의 파이가 얼마나 되는지 진지하게 따져볼 필요가 있다. 값비싼 객실 요금을 아무렇지 않게 지불할 수 있는 수요층이 상대적으로 아주 적다는 사실은 많은 점을 시사한다.

≈ Case 2

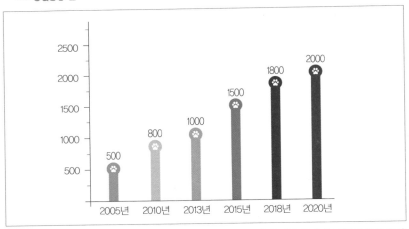

-애견 인구 증가 추이(출처 도그TV)

최근 들어 부쩍 늘어나고 있는 대표적인 펜션 테마가 키즈와 애견이다. 양쪽 모두 각각의 특성과 비즈니스 환경이 크게 다르지만, 수요에 대한 설명 차원에서 단순 비교를 해보겠다. 키즈와 애견 중 어느 쪽이

유망하냐고 묻는다면 망설임 없이 애견을 추천한다. 2017년을 기준으로 국내 신생아 수는 대략 35만 명 수준이라고 한다. 애견 인구는 갈수록 늘어나 이미 1,000만 명 시대를 훌쩍 넘어서고 있다. 언뜻 보아도 양쪽의 수요는 큰 차이가 난다.

애견 인구는 더 이상 늘어나지 않고 출생률도 더 이상 낮아지지 않을 거라는 전제하에 비교해 봐도 애견 쪽의 수요가 더 크다는 사실은 변하지 않는다. 매년 태어나는 신생아 수가 35만 명이라고 가정했을 때 14년간^{0세~14세까지} 태어날 키즈 펜션의 잠재적 수요는 아무리 많이 잡아도 500만 명을 넘지 못한다는 계산이 나온다. 연령대를 좁히면 훨씬 더 줄어든다. 결국, 키즈보다는 애견의 수요가 2배 이상 많다는 결론에 다다른다. 비약이 너무 심한 걸까? 판단은 각자의 몫으로 남겨 두겠다.

≈ Case 3

수요의 크기와 더불어 주된 소비자층의 선정^{Targeting}이라는 문제를 고객 세분화의 관점에서 생각해 보자. 이해를 돕기 위해 다시 키즈 펜션을 예로 들어보겠다. 키즈 펜션 하면 대부분 어린 자녀를 동반하고 갈 수 있거나 아이들이 놀 수 있는 공간이 따로 마련되어 있는 펜션을 떠올린다. 넓은 의미에서 보면 틀린 말도 아니다. 하지만 고객 세분화의 측면으로 나누어 보면 이야기가 달라진다. 0세~3세 사이의 영유아들이 뽀로로를 좋아한다면 4세~7세까지의 아동들은 터닝 메카드에 열광하기 마련이다. 초등학교에 입학할 나이쯤 되면 스마트폰 게임은 기본이며 고학년이 되면 아예 노는 방식이 달라진다. 만약 당신이 키즈 펜션을 운영하겠다고 결심했다면 어느 연령대에 초점을 맞춰야 할까? 그저 알록달록하게 장식된 놀이방에 장난감 몇 개를 던져놓는 정도만으로는 이처럼 폭넓은 소비자층을 두루 만족시키긴 어렵다.

　시장 조사와 소비자 수요에 대한 고민이 포지셔닝 전략의 핵심이다. 펜션을 상품이라는 관점에서 접근한다면 빠뜨릴 수 없는 과정이다. 마음에 드는 디자인과 만족할만한 시공? 별거 아니다. 누구에게 어떤 상품을 어떻게 팔아야 할지를 정하는 일이 훨씬 더 중요하다. 이것만 정해지면 나머지는 일사천리다. 수익형 펜션을 만들기 위한 수많은 고민들과 지루한 준비 과정 속에 모인 다양한 자료와 의견들을 구체화시키는 일이 바로 '기획 설계'다.

펜션 마케팅 용어 정리

　본격적인 내용에 들어가기에 앞서 펜션 마케팅에 사용되는 용어들을 정리해보았다. 기획 설계와 수익형 펜션 창업에 관한 이야기를 나누는 동안 반복적으로 사용될 용어들이기 때문에 개념 정도는 파악하고 넘어가는 게 맞을 듯싶다. 더욱 자세한 내용은 앞서 펴낸 책 『돈 되는 펜션 만들기』에 자세히 설명되어 있으니 참고하기 바란다.

1 수익형 펜션 / 자립형 펜션 / 비자립형 펜션

　펜션을 수익이라는 관점에서 구분하면 크게 수익형, 자립형, 비자립형으로 나눌 수 있다. 각각의 펜션을 구분 짓는 기준은 비수기 주중 예약률이다. 수익형 펜션은 토지매입 비용을 제외한 나머지 투자비용 대비 연간 약 25~30%의 수익을 얻는 펜션을 말한다. 자립형은 펜션 운영을 통해 얻어지는 수익으로 사업주의 생활과 펜션 운영이 가능한 수준의 매출을 올리는 펜션이다. 비자립형의 경우 펜션 매출만으로는 생활 자체가 어려운 경우도 많다.

구분	기준	비율
수익형	비수기 주중 예약률 50% 이상	지역별로 5% 내외
자립형	비수기 주중 예약률 30% 이상	지역별로 15% 내외
비자립형	비수기 주중 예약률 15% 미만	지역별로 80% 내외

2 펜션 비즈니스의 8가지 요소

펜션 비즈니스를 마케팅 관점에서 보면 크게 입지, 접근성, 고객층, 건축, 인테리어, 시설, 서비스, 가격이라는 8가지 요소가 합쳐진 형태로 본다. 이 8가지 요소들은 각각 독립된 개념이 아니라 상호 보완적인 관계를 형성한다. 가령 입지가 좋지 못할 땐 건축이나 인테리어에 대한 투자를 늘려 입지의 약점을 보완하기도 하며, 특화된 고객층^{예를 들어 애견이나 키즈 등}만을 상대로 할 땐 시설과 서비스의 경쟁력을 높임으로써 건축이나 인테리어에 들어가는 투자를 줄일 수 있는 식이다.

구분	핵심내용
입지	공유가치 – 나와 주변에 위치한 모든 펜션이 함께 누리는 이점 고유가치 – 내가 가진 땅의 활용도를 높임으로써 얻어지는 나만의 강점
접근성	물리적 접근성 – 배후 시장과의 물리적 거리 심리적 접근성 – 펜션이 가지는 테마와 콘셉트에 대한 소비자의 호감도
고객층	내가 만든 펜션을 주로 이용할 잠재적 소비층
건축	펜션의 메인 테마에 맞는 공간 활용과 배치
인테리어	고객층과 접근성에 맞는 콘셉트와 판매 효율을 높일 수 있는 디자인

44

구분	핵심내용
시설	객실 내 서비스 시설(월풀이나 스파 등)과 부대 시설(수영장, 데크, 파고라 등)
서비스	판매 촉진과 관리 효율을 감안한 펜션 서비스
가격	원활한 판매를 위한 적정 가격

3 농어촌민박

펜션 창업을 고려하는 사람들 중에 상당수는 '농어촌민박'에 대한 이해가 부족하다. 국내에 운영 중인 대부분의 펜션들은 법규상 농어촌민박으로 운영되고 있다. 농어촌민박은 [농어촌정비법 제2조] 농어촌민박사업 규정에 의해 '농어촌 지역에서 민박사업을 하는 당해 주택에 주민등록이 되어 있고, 7실 이하의 객실을 이용하여 숙박과 취사를 제공하는 것'으로 규정되어 있다. 때문에 일반적인 펜션은 한 동 크기가 70평 미만으로 만들어진다. 최근에는 농어촌민박 허가 대신, 관광농원이나 일반 숙박업 등록을 통해 펜션을 운영하는 곳도 늘어나고 있다.

4 펜션의 일반적인 건축 형태

펜션은 별도로 정해진 형태나 시설 규정이 없다. 위에 설명한 70평 미만이라는 조건만 충족시키면 어떤 형태로도 운영 가능하다. 이런 배경으로 펜션은 매우 다양한 형태로 만들어지고 있는데, 편의상 다음과 같이 구분해 설명하기로 한다.

구분	대략적인 형태	비고
민박형	일반적인 주택과 유사한 형태의 건물	조립식 주택, 방갈로, 컨테이너 하우스 등
전원형	미국식 또는 유럽식 전원주택 스타일	박공형 지붕, 목조 주택, 통나무 주택 등
모던형	박스형 스타일의 미니멀 모던 형식	평슬라브 구조, 노출 콘크리트, 석재 마감 외
콘도형	집합주택 형식의 건물	별도의 베란다를 갖춘 3층 이상의 구조
모텔형	일반적인 모텔과 유사한 구조	별도 베란다나 발코니가 없으며, 실제로 모텔인 경우도 많음
프로방스	산토리니 스타일의 외장 마감	스페니쉬 기와, 스타코플렉스 마감
한옥형	전통 한옥 스타일	전통 한옥, 황토 주택, 움집 등
기타	아소팜 빌리지식의 돔형 주택이나 기타 건축물	배나 비행기 등의 형태를 본떠 만든 구조나 수상 가옥 등

5 최대예약률도달시점

최대예약률도달시점이란, 펜션이 문을 열고 일정 시간이 지나 매출의 최대치에 다다르는 시점을 말한다. 언뜻 복잡한 개념으로 비칠 수 있지만, 핵심은 간단하다. 펜션은 물리적으로 한정된 객실을 가지고 영업을 하기 때문에 자신이 가지고 있는 객실 숫자 이상의 매출은 애당초 불가능하다. 최대예약률도달시점을 달성한 이후부턴 아무리 많은 광고와 추가적인 홍보를 진행해도 추가적인 매출의 증가를 기대하기 어렵다는 의미다.

객실 요금을 올려도 매출 상승엔 한계가 분명하다. 최대예약률도달시점 이후부터의 운영 목표는 매출의 증가가 아닌 유지에 초점이 맞춰진다. 수익형 펜션 창업의 관점에서 볼 땐 최대예약률도달시점이 빠른 펜션을 가장 잘 만들어진 펜션으로 평가한다.

6 쏠림 현상 – Tipping Effect

한 지역에서 경쟁력 높은 특정 펜션으로 고객이 몰리는 현상을 말한다. 밴드 왜건 효과 Band Wagon Effect와 비슷하다. 쏠림 현상을 주도하는 펜션을 리딩 펜션 Leading Pension이라고 부르는데, 쏠림 현상이 발생하면 경쟁 업체 입장에선 큰 위협이 된다. 소비자들은 리딩 펜션으로 몰리게 되며 리딩 펜션의 예약이 마감된 후에도 쉽게 다른 펜션의 예약을 꺼리는 경향이 생긴다. 이 때문에 경쟁 펜션들은 상당기간 영업에 큰 타격을 받는다.

7 리딩 펜션 – Leading Pension

쏠림 현상을 주도하는 펜션을 뜻한다. 리딩 펜션은 단순히 지역 내에서 가장 높은 예약률을 점하게 되는 이점 외에 여러 가지 측면에서 유리한 위치를 설 수 있게 된다. 리딩 펜션의 지위에 올라서게 되면 굳이 과도한 비용이 드는 광고를 집행할 필요가 사라져 안정적인 판매가 가능해진다. 더불어 경쟁 펜션과의 격차도 크게 벌어져 수익 면에서도 월등히 앞서게 된다. 일반적인 수익형 펜션보다 훨씬 더 높은 예약률 비수기 주중 예약률 70% 이상을 보이는 고수익형 펜션이 여기에 해당된다.

8 펜션 투자의 3가지 기본 원칙 - 투자감당성, 회수가능성, 가치보존성

펜션 투자는 합리적인 예산과 효율적인 집행이라는 단순한 측면에서 한 발 더 나아가 투자감당성, 회수가능성, 가치보존성의 3가지 기본 원칙에서 이루어져야 한다.

투자감당성이란 투자의 목적, 투자의 효과, 투자의 우선순위를 정해 예산을 배분하는 일을 말한다. 이를 결정하는 가장 큰 원칙은 영업에 필요한 부분부터 투자의 우선순위를 정하는 데 있다. 아울러 자신의 투자 여력을 전부 쏟아붓는 어리석은 투자도 금물이다. 펜션도 여타의 자영업처럼 항상 실패의 위험을 동반한다. 따라서 최소한의 자금 여력은 남겨두어야 한다.

회수가능성은 투자에 앞서 얼마만큼 빠른 회수가 가능한지 미리 점쳐보는 일이다. 회수가 불가능한 부분에는 투자를 아끼거나 규모와 범위를 최소화시킨다. 쉽게 설명하면 하고 싶은 일보다는 반드시 해야 할 일에 투자해야 한다는 뜻으로 이해하면 된다.

가치보존성은 펜션 건축과 인테리어에 대한 투자를 결정할 때 특히 신경 써야 할 원칙이다. 같은 금액의 투자도 장기간 효과가 지속될 수 있는 부분에 우선순위를 두어야 한다. 장기적인 관점에서의 시설관리와 차별화된 콘셉트에 투자를 집중하는 일은 반복되는 재투자를 피할 수 있는 좋은 선택이다.

CHAPTER.02

수익형 펜션 창업의
기획 설계

05

펜션 창업에 있어
기획 설계란 어떤 의미일까?

기획 설계란 용어는 전혀 생소한 단어가 아니다. 건축 설계 분야에서는 아주 오래전부터 사용되어 왔던 개념이다. 기획 설계라는 개념을 펜션 창업에 끌어다 붙인 이유는 일반적인 사업 계획서만으로는 한계가 있기 때문이다. 크든 작든 새로운 사업을 시작할 땐 나름의 계획을 세운다. 대기업은 물론이며 동네에 작은 가게를 차릴 때조차, 나름 시장을 조사하고 상권을 분석하는 과정을 거친다. 사업 계획서라는 거창한 이름의 자료 따윈 중요하지 않다. 장사로 돈을 벌고자 하는 궁리 자체가 사업 계획이다. 그런데 펜션은 상황이 조금 다르다.

시장 조사   사업 계획   실행 계획   운영 계획

일반적인 자영업은 문을 열고 장사를 시작한 후에도 많은 부분을 개선할 여지가 있다. 조리법을 바꾸거나 메뉴를 개선해 매출을 끌어올리는 방법도 있고, 좀 더 질 좋은 식자재를 공급받아 문제를 해결할 수도 있다. 꾸준한 노력으로 차츰 좋은 평판을 쌓아가는 가게들도 많다. 의류나 다른 공산품을 판매하는 가게들도 마찬가지다. 유행에 맞는 옷을 골라 새롭게 진열하거나 값싸고 질 좋은 물건으로 손님을 끌어들이는 방법도 있다.

하지만 펜션은 만들어진 건물과 객실 자체가 상품인 탓에 일단 문을 열고 나면 문제를 개선할 여지가 별로 없다. 서비스의 질을 높이거나 좀 더 친절하게 고객을 모시고 싶어도 홈페이지를 통한 예약 자체가 없으면 손님들과 얼굴을 마주할 기회조차 생기지 않는다. 리모델링? 쉽지 않은 소리다. 제대로 된 수입이 뒷받침되지 못하는 한 새롭게 손을 댈 여력이 있을 리 없다. 고객들의 관심을 끌지 못하는 객실을 하루아침에 바꿀 방법도 요원하다. 겨우 쓸 수 있는 방법이 가격 할인 정도지만 이마저도 용기가 없어 그저 망설일 뿐이다. 설령 가격을 내린다 쳐도 결과는 신통치 못할 때가 더 많다.

> 결과를 남에게 미루지 말자.
> 인과(因果) 없는 일은 존재하지 않는다.

기획 설계는 펜션으로 돈을 벌기 위해 해야 할 모든 일들을 검토하고 결정하는 과정이다. 도면을 보고 집을 짓는 일과는 매우 다르다. 펜션 창업을 결심한 사람들이 흔히 하는 착각이 있다. 잘 지은 펜션만 있으면 모든 일이 해결될 거라는 막연한 믿음이다. 단 한 사람도 빠짐없이 자기 펜션을 짓는 일엔 최선을 다한다. 최대한 좋은 땅을 사고 여기저기 수소문한 끝에 가장 믿을만하다 싶은 업체와 계약을 맺는다. 누구보다 일찍 현장에 나와 눈을 부릅뜨고 지켜본다. 때로는 화도 내고 좀 더 잘 지어 달라는 아쉬운 소리도 마다하지 않는다. 그래도 결과는 내가 원했던 방향과 딴판인 경우가 더 많다. 멋진 집에 대한 갈망만 있었을 뿐 장사에 대한 고민이 부족했던 탓이다. 열심히 하는 것만으로는 부족하다. 잘해야 한다. 영리하게 일을 추진해야 성공할 수 있다.

새로운 프로젝트를 맡을 때마다 늘 듣는 말이 있다. "믿고 맡길 테니 잘 좀 부탁합니다"라는 소리다. 물론 좋은 뜻으로 받아들이고 감사하게 여긴다. 하지만 이런 부탁을 하는 모든 이들이 간과하고 있는 사실이 하나 있다. 아무도 알아서 잘해주는 사람은 없다. 자기 일에 대한 책임은 스스로 짊어져야 한다. 수중의 모든 돈을 다 쓰고 난 다음에 남 탓을 해봐야 아무 소용 없다. 돈을 쓰기 전에 돈을 벌 궁리부터 해야 한다.

땅을 볼 때도 모양보단 쓰임새가 먼저다. 내가 운영할 펜션의 테마에 적합한지 따져봐야 한다. 건물의 설계도 외형보다는 팔아야 할 객실의 크기와 구조에 집중해야 한다. 누구에게 어떻게 팔지를 고민하는 일이 가장 중요하다. 서비스와 관리도 빠뜨리지 말아야 할 부분들이다. 건축과 인테리어 공사는 수익형 펜션 창업의 일부분에 불과하다. 공사가 창업의 전부는 아니다. 창업은 돈을 버는 순간까지 끝나지 않는다. 돈을 벌기 위한 모든 궁리는 공사를 시작하기 전에 마쳐야 한다. 객실에 들여놓을 가구나 전자제품은 물론이며, 심지어 숟가락 젓가락의 종류와 개수까지 미리 정해 두어야 한다. 그래야만 큰 오차 없이 원하는 결과를 얻어낼 수 있다.

제대로 된 기획 설계는 문을 연 다음에 벌어들일 매출까지도 예측할 수 있다. 비수기와 성수기 시즌별 예약률과 바비큐 서비스 등으로 벌어들일 잡수익까진 기본이다. 관리에 필요한 인원과 펜션 운영을 위해 지출되는 각종 비용까지 근사치에 가깝게 뽑아낼 수 있을 정도다. 무당이나 점쟁이의 신통한 재주가 아니다. 오랫동안 고민하고 차분하게 정리하면 누구나 할 수 있는 일이다. 무턱대고 앞뒤 없이 덤벼들기 때문에 실패할 뿐이다. 고작 몇만 원짜리 옷 한 벌을 살 때도 눈에 불을 켜고 여기저기 알아보고 이래저래 살피면서도, 수억에서 수십억씩 들어가는 펜션 공사를 아무렇지 않게 믿고 맡기는 배포는 도저히 이해가 안 된다.

**사소하다고 지나쳤던 많은 일들이
당신의 수익에 상당 부분 빼앗아 간다는 사실을 알아야 한다.**

펜션 공사에 들어가면 건축주와는 될 수 있으면 펜션 운영에 관한 대화만 나눈다. 그리고 판매나 서비스, 관리에 필요한 일들을 주로 챙긴다. 자재나 시공에 관련된 이야기는 좀처럼 꺼내지 않는다. 일의 우선순위 때문이다. 그래도 언제나 관심은 다른 데 있다는 걸 잘 안다. 가끔 공사와 관련된 사소한 문제와 겹칠 때면 화를 내는 일도 있다. 핑곗거리나 관심을 돌리려는 수작쯤으로 여긴 탓이다. 정작 모든 공사를 끝내고 장사를 시작해 보면 사소하게 지나쳤던 부분들이 뼈저리게 다가온다. 어쩔 줄 몰라 당황해서 전화를 걸어오거나 도움을 청할 때쯤이면 알게 된다. 이미 한참 전에 완성해서 전달했던 기획 설계 자료들을 어딘가에 처박아둔 채 까맣게 잊고 있다는 사실 말이다.

펜션을 처음 접해본 사람들은 오로지 객실을 많이 팔 욕심만 부린다. 관리에 대한 부담은 미처 생각도 못한다. 건물의 일부를 침구의 세탁과 보관을 위한 장소로 써야 한다고 일러주어도 귓등으로 들을 뿐이다. 방 하나가 아쉽다는 논리다. 뼈아픈 후회는 매일 같이 산더미처럼 쏟아져 나오는 빨래더미에 질릴 때쯤 밀려온다. 무작정 월풀이나 스파를 고집하거나 사계절 온수 수영장을 만들겠다는 호기로움도 마찬가지다. 갑작스러운 고장으로 발을 동동 구르거나 고객들의 거친 항의에 시달린 다음에야 겨우 깨닫는다. 수영장 물을 데우기 위해 들어간 막대한 연료비에 혼쭐이 난 다음에야 후회한다. 돈은 돈대로 나가고 손님은 손님대로 잃어버리는 경우는 무척 흔하다. 실행에 옮기기 전에 차분히 생각해보았더라면 충분히 피할 수 있었던 상황들이다.

기획 설계는 언뜻 대단히 전문적인 용어처럼 들리지만, 지극히 상식적인 수준을 벗어나지 않는다. 마케팅에 대한 전문 지식이나 건축과 인테리어에 대한 기술적인 부분은 몰라도 된다. 충분한 시간 동안 깊이 생각하고 차분히 정리해 나가면 된다. 막히는 부분이 있을 땐 장사를 해 본 경험이 있는 지인들의 도움을 받으면 된다. 지인들의 장사가 굳이 펜션이 아니더라도 크게 상관없다. 장사의 기본 원리는 어느 분야나 똑같다.

인테리어 업체나 건축 사무소와 함께 일을 풀어나가는 방법도 있다. 공사 계약을 체결하기 전이더라도 따로 비용을 지불하면 큰 문제 없다. 일반인도 한눈에 이해할 수 있는 간단한 스케치나 입체적으로 표현된 디자인을 놓고 대화를 나누다 보면 대부분 문제는 금세 해결된다. 펜션에 대한 전문적인 조언이 필요할 때도 있다. 이마저도 펜션 전문가들이나 홈페이지 제작사의 도움을 받으면 상당 부분 해결이 가능하다.

아래 표는 일반적인 수익형 펜션 창업의 기획 설계에 포함되어야 할 내용들이다. 지금 당장은 모든 내용을 이해하기 어려울 수도 있다. 하지만, 이 책을 모두 읽고 나면 자연스럽게 머릿속에 정리될 수 있다고 믿는다. 일단은 눈에 익혀만 두고 넘어가자!

수익형 펜션 창업을 위한 기획 설계 항목

구분	항목	주요 내용	비고
사업계획	사업환경분석	– 창업주 사업 여건 검토	– 창업 예산 포함
	시장조사	– 창업 예정지 확정 – 창업 예정지에 대한 시장 조사 – 시장 조사 자료 정리	– 온라인 조사 – 상권 분석
	사업 타당성 분석	– 시장 조사 자료 분석 – 예상 매출(안) 도출 – 사업 타당성 및 창업 예산 검토 – 사업 규모 결정	– 메인 테마 확정 – 검토 및 재수정 – 예상 수지 분석 – 건축 규모 및 객실 수
실행계획	부지활용방안	– 부지 선정 – 토목 공사 계획 검토 – 단지 배치도 확정	– 기존 부지 활용 시 생략 – 토목 공사 견적 포함 – 객실 동 및 각종 부대시설
	인테리어 계획	– 객실별 기본 콘셉트 결정 – 객실 구조 및 시설 계획 검토 – 객실별 인테리어 디자인 발주 – 디자인(안) 검토 – 전기 및 설비 특기 사항 작성 – 인테리어 기본 계획 확정	– 각종 포트폴리오 활용 – 원룸, 투룸, 복층 등 – 인테리어 시공사 선정 – 디자인 수정 – 시공사 전달 및 반영 – 집기비품 목록 포함
	건축 계획	– 인테리어 기본 계획 검토 – 건축 방식 및 기본 형태 결정 – 건축 및 인테리어 공정 협의 – 건축 설계 발주	– 건축 시공사에 전달 – 인테리어 시공사와 협업 – 공사범위 및 기간 등 – 관내 설계 사무소

구분	항목	주요 내용	비고
운영계획	사업 계획 및 실행 계획 확정 후 공사 계약 및 설계 발주 / 운영 계획은 공사 진행 중 검토		
	판매 계획	– 객실 요금 재검토 – 시즌별 요금 체계 확정	– 실행계획(안)에 반영 – 오픈 시 검토 후 수정
	홍보 계획	– 홈페이지 제작 방안 검토ᐧ – 광고 및 예약 대행 방안 검토	– 경쟁 업체 홈페이지 분석 – 광고 집행 현황 파악
	서비스 계획	– 서비스 제공 방안 검토 – 서비스 실행에 따른 시설 검토	– 바비큐, 픽업, 조식 등 – 바비큐 운영 외
	관리 계획	– 인원 채용 방안 검토 – 시설 관리 체계 검토 – 외주 위탁 방안 검토	– 입·퇴실 시간을 감안 – 적정인원 및 근무시간표 – 세탁물 처리 방안 등

06

판매, 관리, 서비스라는
세 가지 잣대

　펜션을 만드는 일엔 많은 사람들이 모인다. 건축주 본인 외에 설계사
무소와 시공사, 현장 작업자 등이 함께 일하게 된다. 여럿이 함께 모이
다 보면 서로의 이해관계도 복잡하게 얽히기 마련이다. 언제나 다양한
의견들이 오고 간다. 대부분 긍정적인 내용들이지만 가끔씩 자기 입장
에 매여 억지를 부리는 일도 생긴다. 건축주 주변의 가족이나 친구, 선
후배 등의 입김도 무시 못 한다. "그건 내가 해봐서 잘 아는데"라거나
"내 생각에는 말이야"쯤으로 시작되는 주변 사람들의 한마디, 한마디
는 십인십색 백인백색이다. 이쯤 되면 건축주 본인 스스로도 무엇이 옳

고 그른지 헷갈리는 지경에 이른다. 업자들의 의견도 일견 타당해 보이지만 썩 미덥진 않다. 색안경까지 끼게 되면 더 심해진다. 혹시 돈을 아끼려는 수작은 아닌지, 내게 뒤집어 씌우려는 심보는 아닌지 덮어놓고 의심만 커진다. 가까운 지인들의 훈수도 이래저래 아쉽고 섭섭하긴 매한가지다.

줏대 있는 일 처리는
자기 스스로의 명확한 잣대에서 출발한다.

펜션도 엄연한 내 집이다. 상품이니 뭐니 해도 건축주가 느끼는 내 집에 대한 '애착'은 어쩔 수 없다. 영업적인 면에서나 손익 면에서 불필요하다 싶은 일들이 벌어지는 이유도 여기 있다. 내 집이라는 애착이 집착으로 변하는 순간 상황은 걷잡을 수 없어진다. 난데없이 연못을 파거나 정원 꾸미기에 열을 올리는 일쯤은 큰일도 아니다. 한옥 펜션을 짓겠다는 근거 없는 고집이나 건물 옥상에 글램핑장을 차리겠다는 억지까지 부린다. 간혹 귀 얇은 사람 옆에 입 싼 사람이 붙으면 상상도 못할 엉뚱한 일들도 아무렇지 않게 벌어진다.

스키장 인근에 땅을 가진 펜션 창업자가 있었다. 말이 펜션이지 무려 7~80실 규모의 대형 숙박시설을 만들겠다는 계획을 세운 사람이었다. 100억 원대에 육박하는 무모한 투자를 결정한 근거가 어이없게도 음식점을 운영하던 친척의 권유였다. 스키장을 찾는 사람들을 상대로 통돼지 바비큐와 식사를 팔아 매출을 일으키겠다는 억지 앞엔 설득도 만류도 도통 먹혀들지 않았다. 200실 규모의 한옥 펜션을 운영하겠다던 사람도 있었다. 한옥? 지방정부가 직접 운영하는 한옥 호텔들조차 경영악화로 문을 닫는 일이 허다하다. 각자의 배짱과 각오만큼은 대단하지만 판매와 서비스, 관리에 대한 고민의 흔적은 그 어떤 부분에서도 엿볼 수 없었다.

기획 설계에서 가장 중요한 부분은 여러 가지 다양한 의견에 대한 올바른 판단이다. 올바른 판단을 위해서는 막연한 추론보단 확실한 근거와 명확한 잣대가 필요하다. 확실한 근거란 시장 조사를 통해 얻은 객관적인 데이터와 입증할 수 있는 사실을 말한다. 명확한 잣대는 수익형 펜션 운영을 위한 '판매와 서비스, 관리'라고 이해하면 된다. 풀 빌라 급 펜션이 큰 힘을 발휘하지 못한다고 끊임없이 주장하는 근거도 전국에 산재해 있는 풀 빌라 펜션들의 실제 예약률이다. 풀 빌라 펜션이 가지고 있는 판매의 한계, 서비스에 대한 고객들의 높은 기대감, 관리에 대한 큰 부담은 절대 녹록지 않은 문제들이다.

기획 설계의 세가지 원칙(BASIC STANDARD)

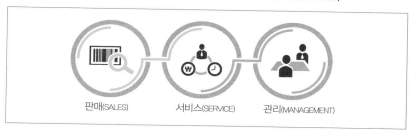

판매(SALES)　　　서비스(SERVICE)　　　관리(MANAGEMENT)

펜션이라는 건축물을 기획 설계의 관점으로 나누어 보면 판매와 서비스, 관리로 구분할 수 있다. 맨 먼저 판매란 개념은 우리가 흔히 떠올릴 수 있는 물건을 파는 행위와는 조금 다르다. 펜션이 팔아야 할 주된 상품이 객실이라면 여기서 말하는 판매는 고객이 비용을 지불하고 이용하는 모든 것들을 말한다. 객실의 인테리어나 시설은 기본이며, 건물의 외관, 쾌적한 주차장, 각종 부대시설과 바비큐를 포함한 각종 서비스도 판매의 영역에 속한다. 펜션 안팎의 풍광이나 주변 관광지, 심지어 도로 여건까지도 판매에 포함된다. 가격도 무시할 수 없는 판매의 영역이다.

서비스도 마찬가지다. 펜션의 모든 구성 요소가 서비스 영역에 포함된다. 판매와 겹치는 부분이 많다고 여길지 몰라도 각각의 의미는 조금씩 다르다. 바비큐나 픽업 등 흔히 보는 펜션 서비스는 물론이며, 판매개념에 속해 있는 부대시설도 고객의 만족이라는 관점에서 보면 서비스의 영역에서 검토되어야 한다. 객실에 비치된 전자제품이나 가구, 주방용품 등의 사양이나 수준은 물론이며 침구나 수건 등 잡다한 모든 것들이 서비스의 범주에 들어간다. 펜션 주인의 접객 태도 역시 중요한 서비스다.

원활한 객실 판매와 효율적인 서비스 운영을 위한 관리 시스템도 무척 중요하다. 안정적인 관리가 이루어지지 못하면 판매는 부진해지고, 서비스는 엉망이 된다. 당연히 관리에 필요한 충분한 인원을 채용할 여력이 사라지는 악순환이 반복된다. 판매와 서비스 못지않게 중요한 부분이 관리에 필요한 공간과 동선의 확보다. 관리를 우습게 여기면 곤란하다. 수익형 펜션 창업에서 가장 중요한 판단 기준이라는 점을 기억하자.

땅을 고를 때도 판매에 유리한 지역인지 확인해야 한다. 원활한 서비스를 위한 각종 부대 시설의 설치나 쾌적한 주차에 무리가 없는 충분한 넓이인지 따져봐야 한다. 지형이 가파르거나 지나치게 동선이 길어져 관리에 어려움이 없을지 미리 살펴야 한다. 설계를 하고 집을 지을 때도 마찬가지다. 객실은 판매율을 높일 수 있는 경쟁력 확보가 핵심이다. 가구나 전자제품을 고를 때도 서비스 개념의 만족도를 염두에 두어야 한다. 건물 외벽에 붙일 벽돌 한 장도 관리의 효율성을 따져야 한다. 펜션 창업 과정에서 생각할 수 있는 모든 구상이나 아이디어는 판매와 서비스, 관리의 세 가지 잣대로 득실을 따져 본 다음에 결정해야 한다는 뜻이다.

어떤 일을 실행에 옮길 땐
진지하게 고민하는 시간이 길면 길수록 이득이 커진다.

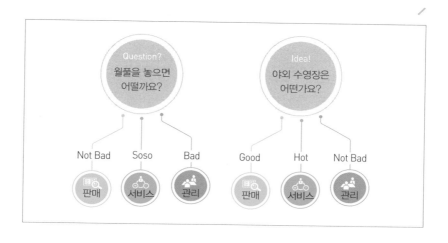

월풀이나 스파는 아직도 유용하게 쓸 수 있는 서비스 시설이다. 전망이 나쁘거나 위치가 좋지 못한 객실에 월풀을 설치해 약점을 상쇄시키는 방법은 좋은 선택이다. 같은 크기의 전망 좋은 객실들과 똑같은 가격을 받아도 아무 문제 없다. 이와 반대로 전 객실에 월풀이나 스파를 설치하는 일은 큰 실익이 없다. 판매 면에서는 크게 나쁘지 않지만, 객실 요금이 비싸져 소비자들의 심리적 접근성이 떨어진다. 서비스 면에서는 그저 그런 편이다. 이미 월풀이나 스파는 TV이나 냉장고쯤으로 취급되는 추세지만 간혹 찾는 손님들도 있다. 가장 큰 문제는 관리다. 월풀이나 스파가 설치된 객실은 청소의 양과 시간이 월등하게 늘어난다. 간혹 고장이라도 나는 경우엔 수리에 걸리는 시간도 장담 못 한다.

고장이나 청결 상의 문제로 고객의 항의가 들어올 땐 거의 속수무책이다. 그래서 요즘은 특별한 이유가 없는 한 가급적 배제시킨다.

반대로 야외 수영장은 가장 먼저 염두에 두고 추진하는 편이다. 판매 면에선 가장 효과가 큰 부대시설이다. 서비스에 대한 만족도 역시 가장 높다. 계속되는 경기 침체와 워터파크의 비싼 요금 등에 대한 반감이 겹쳐 예전보다 인기가 월등히 높아졌다. 관리도 나쁘지 않다. 수영장 시스템과 여과기 자체가 월등히 좋아져 관리에 대한 부담도 많이 줄어들었다. 다만, 더운물을 채워 사계절 이용 가능한 온수 수영장은 관리 비용이 만만치 않아 신중할 필요가 있다.

펜션을 짓는 과정에서 엉뚱한 일을 벌이는 사람들은 한결같은 소리를 한다. '남들도 다 그렇게 하더라' 식의 논리를 내세운다. 왜 이런 일들이 벌어질까? 펜션을 시작하려는 사람들은 꽤 많은 사람들과 만난다. 대부분 건축이나 인테리어와 관련된 업체 사람들이며, 더러 펜션 홈페이지 제작사나 예약 대행 회사도 만난다. 이런 만남에선 자신의 궁금증을 털어놓고 조언을 구할 때가 많다. 물론 대부분의 궁금증은 투자와 관련된 내용들이다. 건축이나 인테리어 관련된 쪽은 내심 좋으면 좋았지 나쁠 건 하나도 없다. 펜션을 지으려는 쪽이 일을 벌이면 벌일수록 자재나 인건비는 자연스레 높아진다. 특별한 하자나 공사 비용을 깎지 않는 한 손해 볼 일은 하나도 없다.

홈페이지 제작사나 예약 대행 회사 사람들도 마찬가지다. 가까운 장래에 자기 고객이 될지도 모르는 생면부지의 사람에게 굳이 토를 달거나 말릴 이유가 전혀 없다. 월풀에 대한 문제점도 해당 업체를 만나고 나면 금세 마음이 바뀐다. 사후 관리에 대한 질문에도 '아무 걱정 말라'고 장담하기 일쑤다. 이런 식으로 흘러가기 때문에 창업에 들어가는 비용은 가파르게 늘어난다. 대답하는 쪽도 나쁜 의도를 가지고 하는 소리는 절대 아니다. 이해관계가 다를 뿐이다. 그들에겐 당신이 운영할 펜션의 판매나 서비스, 관리에 대해 신경 쓸 이유가 하나도 없다. 그저 서로가 좋은 게 좋다는 식으로 넘어가면 그만이다.

펜션을 만드는 과정에는 수없이 많은 의사 결정이 필요하다. 무언가를 하고 싶고, 반드시 해야만 직성이 풀릴 때도 있다. 덮어놓고 고민할 필요는 없다. 판매와 서비스, 관리라는 세 가지 측면에서 저울질해보면 가치 판단에 큰 도움이 된다. 우리에게 진정으로 필요한 건 남들이 부러워할 만한 멋진 집이 아니다. 내 맘에 드는 집은 더더욱 아니다. 오로지 돈을 벌기 위한 상품으로서의 펜션이 필요하다는 사실을 잊지 말자.

나는 어디까지 할 수 있을까?

수익형 펜션 창업을 위한 고려 항목들

- 창업의 규모와 투자 비용에 대한 검토
- 창업주 본인의 선호와 적성
- 펜션 창업에 대한 가족들과의 합의

개인적으론 배짱 좋고 배포가 큰 사람들이 펜션 사업에 어울린다고 생각한다. 펜션도 장사인 탓에 이런저런 일로 시달릴 때가 많다. 새로운 프로젝트가 끝나고 펜션이 문을 열어도 한참 동안 머물면서 운영에 관한 여러 가지 조언을 해주고 나오는 편이다. 잘 보이려는 생각보단 노파심이 앞서기 때문이다. 우연한 기회로 한동안 직접 펜션을 운영했었다. 지금은 손을 털었지만 펜션 창업을 대행해 온 10년이란 시간보다 직접 운영해 본 1년 동안의 경험이 더 아프게 다가왔었다. 펜션 운영? 절대 쉽지 않다.

간혹 손님들 말 한마디에 쩔쩔매는 주인들을 자주 본다. 그러지 말라고 잔소리를 해도 크게 변하지 않는다. 장사를 처음 시작해 본 사람들이 흔히 겪는 과정이다. 나중엔 손님들의 사소한 불평과 내 잔소리 사이에서 어쩔 줄 몰라 한다. 이쯤 되면 내가 입을 다무는 편이 속 편하다. 채근해서 될 일이 아니라는 것쯤은 잘 안다. 어차피 시간이 지나야 해결된다. 그래도 지켜보는 입장에선 늘 속상하다.

펜션도 장사긴 하지만 엄연히 내 집이라는 사실도 잊지 말아야 한다. 내 집에 들어온 이상 내가 만든 원칙에 따라야 대접을 해주겠다는 정도의 자신감은 필수다. 맘에 들지 않으면 나가라는 식의 배짱도 필요하다. 돈? 돌려주면 그만이다. 푼돈에 쩔쩔매기보단 마음 편한 쪽이 이득이다. 돈 내고 왔다고 왕 노릇 하던 시절은 한참 전에 지났다는 사실을 일깨워줘야 한다. 혹시나 나쁜 평을 올리면 어쩌나 싶은 불안한 마음도 이해는 되지만 요즘은 비방글을 온라인에 퍼뜨리는 일 자체가 '영업 방해'에 해당한다는 사실도 기억해 두자.

덮어놓고 세게 나가라는 소리가 아니다. 수많은 사람을 상대하다 보면 별별 소리가 다 나오는 법이다. 개중엔 진짜로 내가 실수를 했거나 미처 살피지 못해 생기는 불만도 있다. 이럴 땐 정중하게 사과하고 최선을 다해 상대방의 기분을 풀어 주는 게 맞다. 도무지 해결될 조짐이 보이지 않을 땐 숙박료를 돌려주는 성의까지 발휘하면 좀 더 쉽게 끝난다. 대신 별 시답지 않은 소리까지 받아줄 필요는 없다는 말이다. 이건 진정

어린 충고다. 오는 사람들마다 별 뜻 없이 던지고 가는 소리에 일일이 장단을 맞추다 보면 아무 일도 못한다. 그리고 너무 빨리 지친다.

**쉽게 지치지 않으려면
할 수 있는 일, 하고 싶은 일, 싫어도 해야 할 일을 구분해야 한다.**

기획 설계의 첫 단계는 자신의 처지와 주변 환경을 살피는 일이다. 예산을 잡고 설계를 맡기는 일보다 먼저다. 문을 열고 펜션을 꾸려가야 할 긴 세월을 생각하면 집을 짓는 기간이나 과정쯤은 별거 아니다. 마음에 드는 펜션 못지않게 중요한 것이 내가 즐겁게 일을 할 수 있는 환경을 만드는 일이다. 펜션은 생활과 장사가 한 공간에서 동시에 이루어진다. 자기 자신의 적성은 물론이며 가족들과의 합의와 적극적인 동참은 필수다.

제일 먼저 고민해보아야 할 부분은 자신의 투자여력과 그에 걸맞은 적정 규모를 정하는 일이다. 펜션 창업을 위해 찾아오는 사람들과 맨 처음 만날 때 늘 던지는 질문이 하나 있다. 매번 생각하고 있는 예산이 어느 정도냐고 물어본다. 대부분 못마땅한 표정을 짓는다. 사람을 떠보려는 수작쯤으로 여긴다. 매우 큰 오해고 착각이다. 일을 맡아서 진행하는 입장에선 의뢰인의 재정 상태를 파악해 두는 일은 아주 중요하다. 시행착오를 줄일 수 있기 때문이다. 풀어놓은 구상은 풀 빌라 수준

인데 창업 비용은 턱없이 부족한 경우도 허다하다. 꿈에 부풀었던 계획이 한순간에 물거품이 되는 경우도 흔하다. 사람들을 만날 때마다 무턱대고 얼마냐는 질문만 던져왔고, 별 뜻 없이 되돌아온 뻔한 대답이 원인이다.

판매의 관점에서 보면 무작정 많은 돈을 들이거나 규모를 키우는 일이 결코 현명한 선택은 아니다. 자신의 테마에 맞는 밀도가 중요하다. 커플 펜션을 주된 테마로 삼았다면 커플의 만족감을 최대한 이끌어 낼 수 있는 완성도 높은 객실의 확보가 우선이다. 객실의 숫자는 중요하지 않다. 예산이 부족하다면 규모를 줄이면 된다. 토지 구입 비용이나 건축 예산을 과감히 줄여 인테리어 비용으로 쓸 수 있는, 보다 더 과감한 선택이 필요하다. 가장 중요한 원칙은 자신이 감당할 수 있는 투자 범위 안에서 펜션을 만들어야 한다는 점이다. 지나치게 많은 부채를 안고 출발하게 되면 벌어도 남는 게 없다고 느껴진다. 빨리 지치게 되는 원인 중 으뜸이다.

서비스의 관점에선 창업주 본인의 적성에 맞는 펜션의 테마와 규모를 정해야 한다. 안락한 노후에 대한 열망이 돈에 대한 욕망만큼 크다면 자기 취향이나 성격도 충분히 고려되어야 한다. 나름 알차게 운영되던 골목 식당이 건물을 지어 본격적인 사업으로 커지게 되면 자기가 만든 음식에 대한 애착이나 단골들과의 사적인 친분 따위 더 이상 기대하기 힘들다는 점도 곱씹어 볼 필요가 있다. 규모가 지나치게 크면 개인적인 시간은 어쩔 수 없이 줄어든다. 손님들의 갖가지 요구나 직원들 관리에 금세 지친다.

완고한 사람은 커플 펜션이 꼴사납고, 내성적인 사람은 가족이나 단체 손님으로 북새통인 펜션은 고역일 수밖에 없다. 애견 펜션은 강아지에 대한 거부감이 없어야 손쉽다. 키즈 펜션은 어린 자녀를 키우고 있는 사람이 잘 어울린다. 강아지나 어린 자녀를 동반한 고객들과의 공감대가 크면 클수록 판매와 운영이 수월하다. 자신의 적성이나 선호가 펜션 운영에 미치는 영향은 아주 크다. 고객들과의 대화나 서비스 면에서 특히 더하다. 고객들과 자연스러운 유대감을 형성할 수 있어야 좋은 평을 얻는다. 호의적인 평판은 결코 쉽게 얻어지지 않는다.

펜션을 직접 운영하던 동안 다른 일은 몰라도 바비큐 서비스만큼은 직원들을 시키지 않고 직접 챙겼다. 저녁밥을 굶는 한이 있어도 직접 불을 피워주고 다닌 이유는 고객들과 자연스러운 대화를 주고받을 수 있는 가장 좋은 시간이기 때문이었다. 이용 후기나 온라인에 떠도는 펜션에 대한 좋은 평판들은 이런 작은 노력들이 더해져서 만들어진다. 결코 직원들에게 맡겨둔 채 팔짱만 끼고 있을 일이 아니다.

사업이라는 전쟁터에 나서기 전에
스스로를 어떻게 지켜 나갈지 고민해야 한다.

펜션은 결코 낭만적인 사업이 아니다. 오전 11시 퇴실에 오후 3시 입실이라는 펜션의 이용수칙은 보통 힘든 일이 아니다. 불과 20여 분 남짓한 시간 안에 방 하나씩은 청소를 마쳐야 다음 손님을 받을 수 있다. 월풀이나 스파까지 관리하려면 더 많은 손이 필요하다. 엄청난 양의 빨래와 쓰레기 분리수거, 자잘한 관리까지 합치면 하루가 눈코 뜰 새 없이 지나간다. 기획 설계에서 관리에 필요한 공간과 동선을 특히 더 신경을 쓰는 이유다. 제대로 된 관리 시스템 없인 버텨내기 힘들다. 수익형 펜션 수준의 예약률이 이어질 땐 특히 더하다. 사람을 써도 매일같이 밀려드는 손님을 감당하기 버거울 때가 많다. 가족들과의 합의가 필요한 이유다. 노동력의 상당 부분을 가족들과 함께 책임져야 할 상황이 생긴다. 단순한 일손의 문제만이 아니다. 펜션 운영과 자기 생활의 경계가 모호해질 때도 많다. 펜션? 밖에서 보는 것만큼 그리 낭만적이지 않다.

투자에 대한 합리적인 판단은 더욱 중요하다. 막연하게 어떻게든 되겠지라는 생각에 욕심을 부렸다가는 낭패보기 십상이다. 창업 비용도 땅을 사고 집을 짓는 일에 필요한 돈이 전부가 아니다. 집기와 비품 구입은 물론이며 장사를 시작한 다음에도 광고비를 포함해 자질구레하게 들어가는 돈이 만만치 않다. 계란을 한 바구니에 담지 말라는 식의 뻔한 소리가 아니다. 펜션은 인생의 마지막 사업인 경우가 많다. 펜션 사업의 목표가 무엇이던 스스로의 삶이 피폐해질 정도가 되어서는 곤란하다.

수익형 펜션 수준의 예약률과 높은 매출로도 초기 투자비용을 회수하는 일이 점점 더 어려워지고 있다. 필요 이상의 투자가 가장 큰 원인이다. 초기 투자비용의 크기에 따라 회수 기간도 천차만별이다. 판매와 서비스, 관리를 구분하는 이유도 이 세 가지 기준을 벗어나는 일에는 최대한 돈을 아끼라는 의미다. 사업은 결코 낭만적이지 않다. 죽기 살기로 덤벼들어야 할 전쟁터와 같다. 전장에 서기 전에 스스로를 어떻게 지켜낼지 고민하는 시간은 무엇보다 중요하다.

08

펜션의 수요,
어떻게 바라보아야 할까?

펜션의 수요와 입지 선정   Check / Point

• 수요에 대한 냉정한 판단과 적절한 선택
• 수동적 수요와 능동적 수요에 대한 이해와 구분
• 시장 조사를 통한 수요 조사와 객관적인 입지 선정

펜션을 창업할 때 적절한 지역을 선택하는 일은 대단히 중요하다. 목 좋은 장소를 골라야 장사가 수월한 것과 같은 이치다. 목 좋은 곳도 장점과 단점이 공존한다. 목 좋은 곳은 사람들이 붐비기도 하지만 파는 사람 역시 아주 많다. 펜션의 수요에 대한 이해도 이 지점에서 출발한다.

이름난 관광지는 펜션 운영에 유리한 측면이 있다. 예를 들어 경주 지역은 여름 성수기뿐만 아니라 사시사철 꾸준히 방문하는 관광객들 덕분에 비교적 펜션 운영이 수월하다. 하지만 최근에는 양상이 많이 달라졌다. 몇 해 전에 연달아 발생한 경주와 포항 지역의 지진 여파로 펜션 시장도 한풀 꺾인 모양새다. 지나치게 늘어난 펜션 숫자도 한몫하고 있다. 그래도 여전히 경주 지역은 전국에서 가장 많은 수요가 몰리는 지역으로 분류된다. 경주가 가진 풍부한 관광자원 덕분이다.

지역의 관광 인프라와는 별개로 펜션 시장이 활성화된 지역들도 있다. 대표적인 지역이 경남 남해군이다. 남해군은 해안도로를 따라 펼쳐지는 멋진 풍광 외에 이렇다 할 관광 명소가 거의 없다. 기껏해야 독일마을이나 보리암 정도가 전부다. 그럼에도 불구하고 남해군의 펜션 시장 규모는 상당하다. 인접한 거제 지역은 어떨까? 비슷한 양상이지만 사정이 조금 다르다. 대규모 산업단지를 배후에 두고 있어 자체 수요가 만만치 않다. 남해군과는 달리 산업단지에 근무하는 근로자들이 비수기 매출을 채워준다는 확실한 이점을 가지고 있다.

수요가 급격히 쇠퇴하고 있는 지역들도 있다. 대표적인 지역이 안면도와 속초, 양양 지역이다. 안면도는 2002년 개최되었던 국제 꽃 박람회를 계기로 급격하게 시장이 커졌지만 이미 15년이나 지난 시점에선 큰 힘을 발휘하지 못하고 있다. 속초와 양양 지역도 마찬가지다. 설악산이라는 천혜의 관광자원을 가지고 있지만, 금강산 관광이 시작된 이후부터 숙박 수요 자체가 꾸준히 줄어들어 현재는 펜션 시장마저 큰 침체기를 벗어나지 못하고 있다. 수학여행 수요가 거의 사라진 것도 또다른 원인이다. 그 밖에 양양 지역은 '쏠비치 리조트' 개장 이후 더 큰 어려움을 겪고 있다. 이들 지역은 비수기와 성수기 요금 격차가 5배에 이를 정도로 관광지 특유의 상혼이 뿌리 깊어 점점 더 수요가 줄어드는 형국이다. 용인시처럼 '에버랜드'라는 한정적인 관광 인프라에 매달린 지역도 있고 내륙의 여러 지역들처럼 특별한 테마나 이슈 없이도 굳건한 시장이 형성된 곳들도 많다.

펜션의 수요를 생각해 보면 제일 먼저 펜션 수요와 관광 수요의 상관관계가 떠오른다. 각 지방정부 홈페이지에 들어가 보면 적게는 수십만에서 많게는 수백만에 이르는 연간 방문객 통계를 쉽게 접할 수 있다. 솔직히 집계 방식이나 정확성에 의문이 가기도 하지만, 관광 수요 자체를 부정하긴 어렵다. 오히려 지역으로 유입되는 관광객 숫자와 펜션 수요가 얼마나 밀접한 관계를 맺고 있는지 따져봐야 한다. 속초와 양양 지역의 경우 연간 유입되는 관광객 숫자는 전국 상위권에 든다. 하지만 지역 내 펜션 예약 현황을 따로 조사해 보면 내륙의 일부 지역들만도 못하다. 언뜻 지역으로 유입되는 관광객 숫자와 펜션 수요는 별다른 관계가 없어 보인다.

왜 이런 현상이 벌어지는 걸까? 쉽게 단정 짓기엔 무리가 있을지 몰라도 우리가 흔히 생각하는 관광 수요와 펜션을 찾는 수요엔 큰 차이가 있다고 본다. 펜션 수요는 각 지방정부나 관광지에서 홍보하고 있는 관광객 숫자와는 별개라고 보아도 무방하다는 의미다. 오랜 기간 펜션을 조사하고 실제로 현장을 다니면서 느낀 분명한 사실이다. 단지 입증

할 수 있는 뚜렷한 데이터를 제시하기 어려울 뿐이다.

●

펜션의 수요는
수동적인 수요와 능동적인 수요로 나뉜다.

/

유명한 관광지에 펜션을 차리면 제법 유리하지 않을까 싶은 생각도 반은 맞고 반은 틀리다. 사람이 몰리는 곳에 가게를 차리는 건 당연하다. 인적이 뜸한 동네에서 성공하기란 쉽지 않다. 간혹 '이런 곳까지 찾아올까?' 싶은데도 장사가 잘 되는 맛집들도 있긴 하다. 펜션도 비슷하다. 앞서 예를 든 경주나 남해, 거제 등은 대표적으로 목이 좋은 지역들이다. 최근에 각광받고 있는 전남 지역도 마찬가지다. 하지만 좀 더 폭넓게 살펴보면 잘 알려지지 않은 지역에서도 선전하고 있는 수익형 펜션들도 꽤 많다. 지역에 따른 유불리를 자로 잰 듯 나누긴 쉽지 않다.

펜션의 수요는 크게 수동적 수요와 능동적 수요로 나눈다. 수동적 수요란 지역의 명성이나 관광 인프라에 기댄 채 장사를 한다는 말이다. 능동적 수요는 펜션 스스로가 고객의 수요를 만들어간다는 의미다. 이 두 가지 수요엔 분명한 차이가 있다. 수동적 수요는 외부적인 환경 요인에 쉽게 흔들릴 수밖에 없다. 지역의 명성을 뒤흔들만한 좋지 못한 이슈나 각종 재해, 계절적 요인에 따라 매출은 들쑥날쑥해진다.

이에 반해 능동적 수요는 자신만의 독특한 경쟁력을 바탕으로 계절적 요인이나 지역의 이슈에 큰 영향을 받지 않고 꾸준히 고객을 끌어모은다. 교통이 극히 열악한 일부 지역을 제외하면 이런 능동적 수요에 기반한 펜션들은 얼마든지 찾아볼 수 있다. 각 지역의 리딩 Leading 펜션들이 대표적인 사례다. 수동적 수요에만 기댄 펜션들은 "올여름 장사는 날씨 때문에 망쳤어!"라는 식의 푸념만 늘어놓는다. 반대로 능동적 수요를 만들어가는 펜션들은 특별한 영향 없이 꾸준한 매출을 만들어간다. 양자의 차이는 분명하다. 수요에 대한 냉정한 판단과 적절한 선택의 차이다.

수요에 대한 지나친 기대도 과민반응이 아닌가 싶다. 장사가 안된다고 아우성치는 지역들조차 관광객 통계를 찾아보면 하루에도 수천, 수만의 관광객이 찾아온다는 뜻밖의 수치들과 맞닥뜨릴 때가 많다. 하지만 그게 다 무슨 소용이 있을까? 규모가 커 봐야 객실은 20개 남짓이고, 대부분 10개의 객실을 가진 펜션들에게 수천, 수만이라는 숫자는 큰 의미가 없다. 하루에 방 다섯 개씩만 팔아도 동네에서 제일 잘 나가는 펜션 소릴 듣는다. 주말과 여름 장사만 받쳐주면 매일 한두 개만 팔아도 먹고사는 데 큰 어려움이 없다. 바로 이런 점들이 펜션 수요를 이해하는 핵심이다. 지역의 관광 수요를 예측하고 고민하는 일은 대규모 호텔이나 리조트, 콘도미니엄의 몫이다.

입지와 수요는 시장 조사를 통한 객관적인 데이터로 평가해야 한다.

　사람이 많이 모이는 장소가 무조건 돈이 된다면, 명동이나 홍대, 강남 등 소위 노른자 상권에 위치한 모든 가게들은 매일 문전성시를 이루어야 마땅하다. 펜션도 마찬가지다. 경주에 관광객이 많이 몰려 장사가 손쉽다면 경주에 펜션을 짓는 일 자체만으로도 돈이 벌려야 한다. 하지만 결코 그런 일은 생기지 않는다. 목 좋은 곳은 자릿세가 비싸고 경쟁도 치열하다. 땅값도 상상을 초월한다. 자고 나면 새로운 펜션이 문을 열고 웬만한 시설로는 고급 펜션 축에도 못 끼는 경우가 허다하다. 다들 목 좋은 곳에 집착하지만, 굉장히 지엽적인 사실에만 목을 맨다. "해수욕장 바로 앞에 붙어있는 땅은 어떨까요?"라거나 "스키장을 끼고 있으면 성수기를 두 번 누릴 수 있지 않을까요?" 식의 질문은 정말 난감하다.

　시장의 수요와 입지는 시장 조사를 통한 객관적인 데이터에 근거해야 한다. 막연한 기대와는 달리 시장 조사를 해보면 생각 외로 고전하는 지역들이 아주 많다. 수도권에 붙어있다고 특별히 유리한 것도 아니다. 바닷가에 만들어진 펜션이 산속에 위치한 펜션보다 매출이 월등하다는 객관적인 데이터는 그 어디에도 없다. 섣불리 일반화시킬 수 없는 논리다. 바다를 낀 멋진 풍경도 자기 강점으로 녹여내지 못하는 한 아무 소용 없다. 제아무리 빼어난 풍광도 스산해 보일 뿐이다. 애견은 지역에 크게 구애받지 않는 대표적인 수요다. 가족 펜션은 지역의 관광 인프라나 이슈에 민감한 편이다. 이런 사실들 역시 객관적인 데이터에 근거한 결론이다.

수요에 대한 막연한 기대보다는 수요를 만들어가려는 노력이 필요하다. 매번 시장 조사를 강조하는 이유다. 더욱 폭넓은 관점에서 수요와 입지를 선택해야 한다. 지역으로 유입되는 관광 수요가 크다는 사실은 분명한 이점이다. 하지만 자신의 수요로 만들어내지 못하는 한 아무 소용없다. 심지어 다들 고전하는 지역에서조차도 유독 높은 매출을 만들어가는 펜션들이 있다. 지역의 다른 펜션들은 미처 발견하지 못한 새로운 수요에 찾아내 능동적으로 대처한 경우들이다. 입지에 대한 선택도 마찬가지다. 풍광 좋은 땅은 절대 값이 떨어지지 않는다 해도, 운영하던 펜션을 팔기 전까진 그저 묻어두는 돈일 수밖에 없다. 무작정 값싼 땅을 고르란 얘기가 아니다. 투자와 수익의 균형을 염두에 둔 수요 예측과 입지 선정이 필요하단 뜻이다.

감당할 수 있는
적정한 규모를 찾자

시장조사와 수요에 대한 검토를 마치고 나면 땅을 구하기 전에 창업의 규모부터 결정해야 한다. 여기서 중요한 건 '규모'의 개념이다. 흔히들 규모라고 하면 자신이 지을 펜션의 '크기'만 떠올린다. 어느 정도 크기의 땅에 몇 개의 건물을 지어 객실을 몇 개나 만들지를 정하는 일도 규모의 범위에 속한다. 하지만 좀 더 넓은 의미에서 규모란 투자대비수익률로 결정해야 한다. 펜션 사업의 특성상 투자비용이 건물의 크기에 정비례하진 않는다. 크기가 작아도 훨씬 더 많은 돈이 들어가는 경우도 흔하다. 단순한 크기의 문제가 아니다. 들어가는 비용과 노력에 비해 얼마나 높은 수익을 얻을 수 있을지 따져봐야 한다. 눈에 보이는 크기나 넓이보다 판매와 서비스, 관리의 측면에서 예상되는 사업의 범위가 '규모'라는 뜻이다.

규모를 키우는 일은 간단하다. 넓은 부지를 매입해 여러 개의 건물을 지은 다음 잘게 쪼개면 객실 숫자는 자연스레 늘어난다. 다만 관건은 판매율이다. 30억의 돈을 투자해서 만든 A라는 펜션과 10억을 투자한 B라는 펜션이 있다고 가정해보자. A 펜션은 규모를 키워 객실 30개를 만들었고, B 펜션은 인테리어에 좀 더 많이 투자해 객실을 10개만 만들었다. 대신 객실 요금은 B 펜션이 조금 더 비싸다. 양쪽 모두 똑같은 연평균 예약률을 기록했다고 가정했을 때 결과는 아래와 같다.

구분	객실수	투자비용	객실요금	연간가동률	연간매출	투자대비수익률
A펜션	30개	30억원	10만원	30%	3억2천만원	11%
B펜션	10개	10억원	15만원	30%	1억6천만원	16%

당장 눈에 띄는 매출은 B 펜션이 적어 보여도 투자대비수익률은 훨씬 높다. 물론 반론을 펴자면 한도 끝도 없다. 객실 요금이 똑같다면 수익률도 동일하겠지만 여전히 남는 문제가 있다. 투자에 따른 '돈의 무게'와 눈에 보이지 않는 '노력과 비용의 차이'다. 요즘엔 투자비용이 워낙 늘어나 수십억 원쯤은 아무렇지 않게 쓰는 경우도 흔해졌지만, 어

디까지나 펜션도 개인이 운영하는 자영업에 불과하다. 수십억의 투자 여력이 있다 한들 앞뒤 없이 무작정 쏟아붓는 일은 어리석은 일이다. 그만큼의 돈을 모으는데 들어간 시간과 노력을 되새겨 보자.

규모를 키우게 되면 판매는 제쳐두고라도 서비스와 관리에 들어가는 노력과 비용에 대한 부담도 덩달아 커진다. 판매로 벌어들이는 돈의 상당 부분이 서비스와 관리를 위한 비용으로 지출된다. 서비스와 관리가 제대로 이루어지지 않으면 원활한 판매도 기대하기 어렵다. 필요 이상으로 규모를 키운 사람들의 공통점은 '규모=매출'이라는 지극히 비논리적인 개념에 매달린다는 사실이다. 객실 10개보다 30개가 3배쯤 많이 벌 것 같지만 어림도 없다. 오히려 3배 이상의 노력과 비용이 든다. 청소에 들어가는 시간도 3배, 직원 숫자도 3배, 이런저런 서비스에 들어가는 노력도 3배다. 고객의 불만을 살 수 있는 위험 역시 3배쯤 높다. 막연하게 규모를 키우는 일은 절대 금물이다.

판매의 관점에서 본 규모

- 지역으로 유입되는 펜션 수요
- 기존 펜션들의 판매 추이
- 자신이 구상하고 있는 펜션의 테마

판매의 관점에서 규모를 결정할 땐 지역으로 유입되는 펜션의 수요를 살펴봐야 한다. 수동적 수요나 능동적 수요의 개념과는 조금 다르다.

기존에 운영되고 있는 펜션들의 판매 추이를 조사해서 참고해야 한다. 지역의 평균 예약률을 살펴보면 규모의 한계가 분명히 보인다. 이미 수익형으로 운영되고 있는 펜션들만 따로 추려서 객실 숫자나 부대시설의 규모를 비교하면 훨씬 더 큰 도움이 된다. 지역 전체의 시장 규모에 알맞은 규모를 선택할 수 있다는 의미다.

　다음 단계는 자신이 구상하고 있는 펜션의 테마에 따라 규모를 조정하는 일이다. 일반적인 커플이나 가족 펜션은 시장 조사 데이터만으로도 규모를 충분히 가늠해 볼 수 있다. 하지만 애견이나 키즈 등 특성화된 테마일 경우엔 조금 다른 접근이 필요하다. 애견 인구가 급격하게 늘어나고 있다지만 아직은 틈새시장에 불과하다. 장기적으론 주류 시장의 한 축으로 성장할 가능성도 커 보이지만 아직은 조심스럽게 접근하는 편이 안전하다. 지나치게 큰 규모보단 객실 10개 미만이 적당하다. 키즈 펜션도 마찬가지다. 애견이나 키즈도 넓은 의미에선 가족 펜션의 범주에 들지만, 일반 고객들과 애견이나 영유아를 동반한 가족을 함께 수용하기엔 부담이 너무 크다. 양쪽 다 불편해할 수 있다.

서비스의 관점에서
본 규모

• 부대 시설의 설치를 위한 공간
• 서비스 제공에 따른 동선과 효율

객실 요금과 운영 가능한 서비스의 종류도 고려되어야 한다. 지나치게 규모를 키우다 보면 정작 객실 인테리어나 부대시설에 투자할 돈이 부족한 경우가 생긴다. 적정한 수준의 요금을 받기 위해선 규모보다는 상품성을 높여야 한다. 원하는 만큼의 요금을 받기 위해선 규모를 줄이고 밀도를 높여야 한다. 바비큐나 조식 등의 서비스도 규모를 결정하는 데 중요한 요소다. 규모가 지나치게 크면 동선이 늘어나고 노동의 강도가 세진다. 이를 극복하기 위해선 더 많은 일손이 필요해지는데 고스란히 비용으로 연결된다.

월풀이나 스파 같은 서비스 시설과 야외 수영장 등의 부대시설도 규모를 좌우하는 중요한 요소들이다. 한정된 면적의 건물에 월풀이나 스파를 설치할 경우 객실의 크기는 커지고, 숫자는 자연스레 줄어든다. 발코니나 베란다도 쾌적한 이용과 바비큐 등을 감안하면 일반 주택의 2배 정도의 면적이 필요하다. 그래도 여전히 객실 숫자를 늘리려고 한다면, 건물의 숫자와 투자 비용도 덩달아 늘어나게 된다. 한정된 면적에 야외 수영장이나 기타 시설들까지 만들 생각이면 부지 자체도 훨씬 더 넓어야 한다. 주차도 객실당 1.5대 이상은 필요하다. 주말이나 성수기를 생각하면 객실 수의 두 배 가까운 주차 면적이 필요할 때도 있다. 쉽게 차를 빼고 돌릴 수 있는 공간까지 감안하면 땅의 크기는 점점 더 커진다. 규모를 정한 후에 토지를 매입해야 하는 이유들이다. 이미 구입한 땅을 억지로 늘릴 방법은 없다.

규모를 키운다는 건 단순히 비용 문제를 떠나 판매와 서비스 면에서 많은 문제들과 부딪치게 된다. 서비스를 위해 억지로 키운 규모는 매출과 아무런 관련이 없다. 원활한 판매에 도움을 주기는 하지만 서비스 자체로 돈을 벌겠다는 생각은 버려야 한다. 월풀이나 스파, 야외 수영장 등은 직접적인 매출로 연결되는 시설들이 아니다. 판매의 보조적인 수단일 뿐이다. 더불어 이런 시설들 때문에 늘어나는 투자 비용도 고민해봐야 한다.

관리의 관점에서
본 규모

• 적정 규모의 관리 공간
• 7객실 당 2~3명의 관리 인력
• 관리에 따른 효율적인 동선

관리적인 측면에서 보면 보통 건물 한 동당 객실 절반 크기 정도의 공간이 필요하다. 각종 비품의 수납이나 침구류를 보관할 수 있는 린넨실, 세탁을 위한 공간 등을 확보하지 못해 애를 먹는 경우가 흔하다. 보통 수익형 펜션 수준의 예약률이 유지될 경우 적어도 객실 7개를 기준으로 대략 2~3명의 관리 인원이 필요하다. 물론 펜션의 구조나 동선에 따라 인원은 제각각이다. 어쨌든 관리적인 측면을 무시할 경우 비용은 가파르게 올라간다. 잘 짜인 관리 시스템은 수익을 높여주고, 반대의 경우 수익성은 크게 낮아진다.

제아무리 마케팅의 고수라 해도 적정 투자와 적정 규모를 정하는 일은 결코 쉽지 않다. 서로 상반된 모순적인 감정들이 충돌한다. 투자를 늘리자니 두려움이 앞서기도 하지만, 매출에 대한 욕심도 쉽게 포기하지 못해서 생기는 문제다. 그래서 적당한 규모에 대한 질문은 언제나 쉽지 않다.

일반적인 커플이나 가족 펜션의 경우 15실 이상은 권하지 않는 편이다. 애견이나 키즈 펜션도 10실 미만이나 상황에 따라선 훨씬 더 작은 규모를 추천한다.

구분		필수 사항	고려 사항
판매	건물	2~3개 동	건물의 층고
	객실	15실 미만 / 15평 내외	복층(O)
	발코니의 폭	3.5m 이상	면적 제한 확인 필요
서비스	내부시설	단독 바비큐	월풀(△) / 스파(△ or ×)
	외부시설	야외 수영장	전용풀장(×) / 온수 수영장(×)
	주차장	객실당 1.5대 이상	필로티 구조(×)
관리	보관시설	건물당 5평 내외	창고 or 컨테이너(×)
	세탁시설	7객실 당 세탁기 3대	건조기(O) / 위탁처리(O)

-범례 : O 좋음 / △ 보통 / × 나쁨

보통 건물은 2~3개 동 정도가 적당하다. 객실의 크기가 점점 더 커지는 추세라 70평형 건물을 기준으로 객실은 4~5개 정도가 적당하다. 전용 면적 15평 정도가 알맞은 크기며 복층을 만들어 판매 효율을 높이는 방법도 좋다. 베란다나 발코니의 폭도 일반 가정과 달리 3.5m 내외의 넓은 면적을 확보하면 예약에 도움이 된다. 4인 이상의 가족 객실은 물론이며 커플들 역시 쾌적한 분위기에서 전망을 바라볼 수 있는 넓은 베란다나 발코니를 선호한다. 서비스 운영에 있어서도 단독 바비큐를 선호하기 때문에 충분한 면적의 확보는 필수다. 과거에 비해 공동 바비큐장을 꺼리는 경향이 점점 더 심해지고 있다는 점을 생각하면 매출에 미치는 영향은 아주 크다.

관리에 필요한 공간도 설계 단계에서 반드시 포함되어야 한다. 객실 1동당 대략 5평 남짓한 보관 시설을 마련하면 효율적이다. 특히 침구를 보관하는 린넨실의 경우 습기로 인한 보관 문제 등을 감안하면 추가로 만들어지는 컨테이너나 조립식 창고는 가급적 피하는 게 좋다. 보관뿐만 아니라 동선을 최대한 줄여야 원활한 관리가 이루어진다. 세탁도 무시 못 한다. 보통 객실 7개 정도면 최소한 15kg 용량의 가정용 세탁기 3대와 건조기 1대 정도는 필요하다. 예약률이나 시즌에 따라 세탁물의 양이 늘어나면 시설도 추가해야 한다. 업소용 세탁기나 건조기보다는 가정용을 권장하는 이유는 갑작스러운 고장 발생 시 대처가 용이하다는 점 때문이다. 세탁물을 수거해서 처리해주는 전문 업체와 계약을 맺는 방법도 있지만 현실적인 한계가 많다.

펜션의 적정 규모를 산출하는 일은 대단히 많은 고려 사항들을 복합적으로 살펴야 한다. 효율적인 판매가 가능한 객실 숫자와 판매에 도움을 줄 수 있는 필수적인 서비스 시설이 우선이다. 판매와 서비스를 원활하게 뒷받침해줄 관리 시스템도 중요하다. 이런 부분들을 신중하게 고민하다 보면 자연스럽게 내가 감당하기에 적당한 펜션의 규모를 찾을 수 있다.

땅의 가치?
쓰는 사람의 안목!

수익형 펜션의 입지 선정

Check / Point

- 공유가치와 고유가치에 대한 명확한 인식
- 위치보다는 부지의 활용도가 우선
- 개발에 따른 효율과 경제성 검토

좋은 땅은 부지런한 발과 좋은 눈으로 찾는다. 두루 발품을 팔아 기어이 좋은 땅을 찾아내는 사람들의 공통점은 땅을 보는 뛰어난 안목을 가졌다는 점이다. 부지런을 떨어야만 하는 일은 끊임없는 노력만으로도 충분하지만, 땅을 보는 안목은 쉽게 얻어지지 않는다. 이런 연유로 함께 땅을 보러 가자는 소리를 들을 때면 늘 조마조마하다. 땅에 대한 명쾌한 해답 역시 어렵다. 대신 관점을 조금만 바꿔서 생각하면 조금 더 쉽게 접근할 수 있다.

풍광 좋은 땅이라는 달콤함도
결국 나와 이웃이 함께하는 공유가치에 불과하다.

　여러 지역을 둘러보면 펜션이 자리 잡은 지리적 위치가 제각각임을 금세 알 수 있다. 초창기 펜션 시장은 수도권과 가까운 가평이나 양평, 강원도 일대에 집중적으로 형성되었다. 그래서 우리가 흔히 보던 전원 주택과 별 차이 없었다. 규모도 70평 한 동 정도가 보통이었고 부지가 넓은 펜션도 드문 편이었다. 그런데 펜션이 점차 기업화되기 시작하면서 두 가지 양상으로 변해간다. 내륙 쪽은 넓은 부지에 여러 동으로 만들어진 소규모 리조트급 펜션이 늘어났고, 해안가 지역은 풍광을 우선시하는 방향으로 바뀌어 갔다. 특히 풀 빌라 급 펜션이 늘어나면서부터는 바닷가 땅들을 차지하기 위한 경쟁이 점점 더 치열해진다.

　실제로 지역별 펜션 분포를 조사해보면 대부분 특정지역에 몰려있는 모습을 쉽게 찾아볼 수 있다. 예를 들면 경주는 보문 관광 단지 주변에 집중적으로 몰려있고, 남해군은 남면 일대에 가장 많은 펜션이 자리 잡고 있다. 지방정부 차원에서 의도적으로 지역을 한정 지은 영향도 있겠지만 더 큰 이유는 장사에 대한 믿음 때문이다. 잘 되는 펜션의 옆자리를 차지하려는 욕심 말이다. 해안가를 따라 빼곡히 늘어선 펜션들을 보면 금세 이해할 수 있다. 문제는 실제로 장사에 얼마나 유리한지는 아무도 장담하지 못한다는 사실이다.

풍광 좋은 땅이라는 이점도 나와 내 주변의 모든 펜션들이 함께 누리는 '공유가치'에 불과하다. 경치가 좋은 땅에 펜션을 지으면 장사가 잘 될 거라는 믿음도 근거 없는 맹신에 가깝다. 그게 사실이라면 동해안이나 남해안, 서해안의 해안가에 자리 잡고 있는 펜션들은 모두 다 돈을 벌어야 한다. 유명 관광지 인근도 마찬가지다. 경주 보문 단지나 강원도 일대의 스키장 주변 펜션들조차 매출은 천차만별이다. 핵심은 '고유가치'에 있다. 누구나 누리는 입지적 이점은 큰 의미가 없다. 수익형 펜션으로 운영되고 있는 지역의 강자들은 입지가 나쁜 위치로 자리를 옮겨도 충분히 돈을 벌 수 있는 경쟁력을 확보하고 있다. 경치에 취한 우리만 못 볼 뿐이다.

펜션에 최적화된 땅을 고를 땐
가격보다 효율, 위치보다 활용도를 먼저 따져야 한다.

보통 펜션을 지을 땅을 고를 땐 지목과 용도지역에 따른 건폐율과 용적률을 제일 먼저 따진다. 절차상으론 당연한 일이지만 좀 더 현명한 수익형 펜션 창업을 위해선 자신이 운영할 펜션의 규모와 테마에 알맞은 땅을 찾아야 한다. 펜션의 테마는 바로 다음 장에서 자세히 설명하겠지만 일단 자기가 운영할 펜션의 정체성 정도로 이해하면 된다. 커플이나 가족, 단체는 객실의 크기나 방 개수 외에도 펜션의 규모나 시설이 모두 조금씩 다르다. 애견이나 키즈 같은 새로운 형태의 테마 펜션들은 특히 더하다. 공통적으로 해당되는 건물의 숫자나 방 개수 외에 각각의 테마에 맞는 규모와 운영 전략을 세운 다음에 땅을 골라야 한다.

용도지역		건폐율	용적률
관리지역	보전관리지역	20%	50~80%
	생산관리지역	20%	50~80%
	계획관리지역	40%	50~100%
농림지역		20%	50~80%

땅을 사서 펜션을 시작할 땐 가격보다 '효율'이 먼저다. 효율이란 여러 가지 의미를 함축하고 있다. 자신이 선택한 규모와 테마는 물론이며, 전체 창업 비용 중 땅에 투자할 수 있는 예산의 한계도 검토해야 한다. 기획 설계 단계에서 예측된 예상 매출과 수익률을 유심히 따져 땅에 투자할 수 있는 최대치를 정해두어야 한다는 뜻이다. 땅에 대한 지나친 투자는 밀도 있는 펜션 창업에 걸림돌이 될 수도 있다.

배후 시장과의 거리나 창업 예정지 안에서의 위치도 중요하다. 애견이나 키즈 같은 테마는 대도시와 가까운 지역이 유리하다. 이동 시간이 너무 길면 강아지나 아이들이 너무 빨리 지친다. 유명 관광지에서 땅을 찾을 때도 중심지와의 물리적 거리에 따라 땅값은 큰 차이를 보인다. 경주 지역은 보문 관광 단지 인근이 가장 비싸다. 여수 지역 같은 경우엔 이순신 광장을 중심으로 한 돌산 대교 주변이 제일 비싸다. 평당 6~700만 원을 훌쩍 넘는 곳들도 많다.

사람이 몰리는 지역과 가까운 곳을 선호하는 심리는 충분히 이해가 된다. 하지만 지나치게 비싼 땅값 때문에 너무 옹색한 규모로 펜션을 운영하는 일 역시 바람직하지 못하다. 지역 사정에 밝은 사람들일수록 거리에 대한 부담감을 이겨내지 못하는 경우가 많다. 막연한 불안감 때문이다. 하지만 실상은 그렇지 않다. 대도시 사람들에게 차로 2~30분 정도 거리는 큰 문제가 아니다. 중심지에서 조금만 벗어나면 더욱 저렴한 가격으로 쾌적한 환경의 땅을 구할 수 있다. 소비자들의 구미에 맞는 펜션을 만들 수만 있다면 중심지의 옹색한 펜션들보다 훨씬 더 많은 사람들을 불러들일 수 있다.

구분	내용	비고
지역 선택	가급적 연고가 있는 지역 또는 지역 사정에 밝은 곳이 유리함	민원이나 이웃과의 마찰 방지
땅의 규모	건물과 부대시설, 주차 등에 대한 사전 계획 후 선택	중심지와의 거리는 큰 문제가 아님
땅의 활용	지하수 개발, 도로 여건, 주변 환경 등을 감안해야 함	토지의 경제성 확보가 필요
개발 방안	계약 전 토목 공사에 대한 사전 검토를 마칠 것	토목 설계사에 의뢰

구체적으로 땅을 고를 때 필요한 내용들을 알아보자. 지역을 선택할 땐 가급적 연고가 있거나 지역 사정에 밝은 곳을 택하자. 펜션을 만드는 과정에 숨어있는 복병 중 하나가 민원이다. 토지 전용이나 개발행위 허가에서부터 건축 과정의 각종 민원을 효율적으로 처리하기 위해서는 연고가 있는 지역이 훨씬 유리하다. 대부분 건축사무소에서 알아서 처리해주지만, 지역의 민원 처리는 묘한 구석이 많다. 도움을 받을 수 있는 지인의 존재는 큰 힘이 된다. 이웃과의 마찰이나 고발성 민원도 마찬가지다. 인접한 땅에 민가나 먼저 지어진 펜션이 있는지 사전에 확인해 두자. 미리 좋은 관계를 맺어 두면 편하다. 물론 그것만으로 부족한 경우도 많다. 미리 각오해 둘 필요가 있다.

건폐율이나 용적률뿐만 아니라 땅의 활용도 역시 중요하다. 건폐율이나 용적률은 객실이 만들어질 건물에 국한될 뿐이다. 대부분의 부대시설은 사용승인^{준공검사}이 끝난 후에 만들어진다. 적당한 땅이라고 생각되면 지적도나 토지이용계획확인서를 가지고 전문가와 상의하는 편이 좋다. 땅의 생김새나 전체적인 크기가 내가 계획하고 있는 쓰임에 적합한지 진지하게 따져보아야 한다.

지하수 개발 여부나 도로 여건, 주변 환경도 중요하다. 펜션의 관리라는 관점에서 볼 때 충분한 양의 지하수 확보는 매우 큰 의미가 있다. 입지에 따라 상수도 공급이 원활하지 못하거나 아예 불가능한 때도 있다. 풍광 좋은 위치를 쫓다 보면 특히 더하다. 지형이나 토질에 따라

지하수 자체를 기대하기 어렵거나 바닷가에 면한 땅들은 해수가 섞여 나오는 일도 잦다. 요즘처럼 크기가 큰 야외 수영장이 필수인 상황에선 지하수의 중요성은 더욱 커진다. 지하수 개발은 아무나 선뜻 장담하기 어렵다. 실제로 관정^{管井}을 뚫어보기 전까진 결과를 알 수 없는 경우도 많고 수량 역시 미리 점치기 힘들다. 인접한 땅에 지어진 건물들의 형편을 미리 알아보거나, 전문가를 통해 사전에 충분한 대비를 해야 한다.

　도로 여건이나 주변 환경도 면밀히 살펴야 한다. 땅을 개발할 시점의
주변 환경을 자세히 검토해야 낭패를 면한다. 진입로의 확보와 도로 여
건은 특히 중요하다. 남의 땅을 거쳐 진입로가 만들어진 경우 분쟁의
소지가 크다. 도로 여건 때문에 겪을 수 있는 문제들은 해결이 쉽지 않
다. 바로 인접한 부지에 축사나 공장 등의 혐오 시설들이 자리 잡고 있
는 땅은 피해야 한다. 전망을 가릴만한 위치에 개발 가능한 땅이 남아
있는지 확인해야 한다. 설마 하는 생각은 버리자. 돈에 대한 욕심은 불
가능한 일도 가능하게 만든다.

계약 전에 반드시 토목 공사의 범위와 비용을 뽑아보자. 아예 택지로 조성된 땅이 아닌 이상 일정 수준의 토목 공사는 필수라고 보는 편이 속 편하다. 형질 변경을 위한 절토나 성토, 평탄 작업은 건축 전에 필수로 들어가는 공정이기 때문이다. 그나마 눈으로 보기에 평평한 땅은 부담이 적다. 해안가를 접한 경사진 땅을 부지로 바꿀 땐 토목 공사 비용 자체가 큰 부담이 된다. 절토나 성토 외에 석축이나 보강토, 옹벽 공사 등이 뒤따른다. 경사가 심한 땅은 토목 공사를 마친 후 다시 실측을 해보면 쓸 수 있는 면적이 기대에 훨씬 못 미치는 경우가 종종 있다. 경제적 손실까지 포함하면 창업 비용은 가파르게 늘어난다. 신중하게 접근해야 된다. 토목 공사 업체를 통해 대략적인 예산을 뽑아본 후에 결정해도 늦지 않다.

수익형 펜션의 테마와 콘셉트란?

　수익형 펜션 창업은 명확한 테마와 변별력 있는 콘셉트만 정해지면 절반은 성공이다. 기획 설계의 목표 역시 창업주의 여건과 적성에 맞는 테마를 찾아 경쟁력 있는 객실별 콘셉트를 정하는 일이라고 보면 정확하다. 그런데, 테마와 콘셉트라는 용어 자체가 다소 모호하다. 대체할 수 있는 용어를 많이 고민해 보았지만 아직도 딱 맞는 표현을 찾지 못하고 있다. 앞으로 자주 입에 담을 용어라는 점과는 별개로 테마와 콘셉트가 가지는 중요성에 대해 한번 짚고 넘어가 보려고 한다.

　테마나 콘셉트란 단어는 워낙 쓰이는 용례가 다양하다. 예술 분야는 물론이며 일상 대화에서도 흔히 쓰인다. 단어의 느낌은 어렵지 않지만 펜션 만드는 일에는 낯설다. 음식점을 떠올려 보면 이해가 제일 빠르다. 테마는 중식, 한식, 일식 등 내가 만들어 팔 음식의 분야를 정하는 일이고, 콘셉트란 테마에 맞는 상차림이나 메뉴 정도로 이해하면 가장 정확하다.

　가게를 얻어 주방 시설을 갖추고 홀에 테이블만 들여놓는다고 해서 끝은 아니다. 파는 음식에 맞는 인테리어와 시설이 필요하다. 테이블에 세팅되는 그릇이나 수저조차도 음식에 따라 다르다. 심지어 홀에서 일하는 직원들의 유니폼까지도 음식의 종류에 맞춘다. 간혹 '밥집'이라는 정체성 모호한 간판을 달고도 성업하는 식당들도 있지만. 세프Chef의 수준이나 기량이 압도적일 때나 가능한 이야기다. 대개는 자기가 취급하는 음식의 종류에 맞는 간판을 걸고 가게를 꾸민다.

펜션도 적당히 설계를 맡겨 보기 좋게 꾸민 시설만 갖춘다고 손님이 드는 게 아니다. 수없이 많은 펜션의 테마 중의 하나를 선택해야 한다. 커플이면 커플, 애견이면 애견을 동반한 사람만을 상대로 한 펜션을 만들어야 한다. 초창기에 만들어졌던 펜션들은 이런 개념 없이 그저 잘 만든 숙박 시설과 별 차이 없이 만들어졌었다. 왜? 그래도 장사가 잘 되었기 때문이다. 이 부분도 옛날 음식점을 떠올려 보면 금세 이해가 간다.

밖에서 밥을 사 먹는다는 개념 자체가 없었던 시절엔 메뉴의 구성 따윈 크게 신경 쓰지 않았다. 팔리기만 하면 그 어떤 음식도 마다하지 않았다. 아직도 지방의 꽤나 후미진 식당에 가보면 짜장면과 국밥을 함께 파는 집들을 심심찮게 만날 수 있다. 하지만 어느 순간 외식이 일상화되면서 나름의 전문분야가 생겨난다. 그리고 점점 더 시간이 흐르면서 한정된 메뉴만을 따로 취급하는 집들도 늘어난다. 초밥이나 피자 전문점 따위가 대표적이다.

펜션의 테마가 중식이나 일식과 같은 개념이라면 콘셉트는 메뉴와 같다. 객실이 10개인 펜션은 메뉴도 10개라는 의미다. 객실은 각기 다른 콘셉트로 꾸며져야 한다. 객실 10개가 똑같은 구조와 디자인으로 꾸며진다면 메뉴는 고작 1개라는 소리와 별반 다르지 않다. 음식점도 메뉴를 함부로 정하지 않는다. 잘 팔리는 메뉴만 추리거나 자신 있는 메뉴만 엄선한다. 팔리지 않는 메뉴는 애써 준비한 재료만 축내기 때문에 아예 처음부터 거들떠보지도 않는다. 펜션의 객실도 팔릴 수 있게 만들어져야 한다. 팔리지 않는 객실은 만드는 데 들어간 돈만 아까울 뿐이다. 펜션의 테마와 콘셉트가 중요한 가장 큰 이유다.

구분	테마 유형
이용인원	커플 펜션, 가족 펜션, 단체 펜션 등
시설	풀 빌라 펜션, 스파(월풀) 펜션, 수영장 펜션, 황토방 펜션, 한옥 펜션 등
이용형태	키즈 펜션, 애견 펜션, MT 펜션 등

유심히 살펴보면 펜션의 테마도 꽤나 다양하다. 이용 인원에 따라서는 커플, 가족, 단체로 나뉘고 시설에 따라서도 풀 빌라 펜션, 스파 펜션 등의 이름이 따로 있었다. 키즈 펜션이나 애견 펜션이 등장한 배경도 일반적인 가족 펜션만으로는 이들 수요를 만족시킬 수 없었기 때문이다. 대수롭지 않아 보여도 테마를 정하는 일은 매우 중요하다. 건축이나 인테리어는 물론이며, 운영 필요한 시설이나 서비스 등 펜션이 갖추어야 할 모든 것들을 결정하는 기준이 된다.

펜션의 테마를 대수롭지 않게 여긴 탓에 벌어지는 불합리한 모습들을 곳곳에서 볼 수 있다. 겉으론 커플 펜션을 표방하면서 뜬금없이 단체실을 팔거나, 애견 펜션에 입실한 강아지들의 대소변에 눈치를 주는 펜션들은 생각보다 많다. 풀 빌라 펜션도 애매한 구석이 많다. 대부분 객실 내부에 스파나 월풀 정도는 기본이지만, 별다른 고급 시설이나 격에 맞는 서비스 없이 단지 바다가 보이는 자리라는 핑계²만으로 풀 빌라 펜션을 표방하는 곳들도 있다. 굳이 우긴다면 할 말은 없다. 대신 만족스러운 매출을 올리고 있는지 되묻고 싶을 뿐이다.

객실별 콘셉트 차별화 방법					
객실의 구조	시설	컬러	자재	조명	소품

펜션의 테마를 정하고 나면 객실의 콘셉트를 정해야 한다. 핵심은 차별화다. 같은 중식이라도 짜장면과 짬뽕은 전혀 다른 메뉴다. 하지만, 매운 짬뽕, 덜 매운 짬뽕은 맛의 차이일 뿐 전혀 다른 메뉴가 아니다. 짬뽕 자체를 싫어하는 사람들에겐 더 맵고, 덜 맵고의 차이는 아무런 의미 없다. 펜션도 마찬가지다. 동일한 구조에 똑같은 디자인으로 꾸며진 여러 개의 객실은 차별화와는 거리가 멀다. 똑같은 메뉴의 반복일 뿐이다. 메뉴가 같아도 마음에 들면 방 하나를 골라 예약을 한다. 반대로 객실의 콘셉트 자체가 마음에 들지 않을 땐 다른 선택이 불가능해진다. 굳이 같은 펜션 안에서 다른 방을 예약할 필요를 못 느끼게 된다는 뜻이다.

짬뽕 자체가 싫은 사람은 더 맵고 덜 맵고를 떠나 짬뽕을 시킬 이유가 없는 것과 마찬가지다. 골라 먹는 재미와 기회가 주어져야 한다. 자기가 가지고 있는 객실 숫자만큼의 서로 다른 콘셉트의 차별화된 디자인이 필요하다. 그래야 예약이 원활해진다. 하나의 방이 맘에 들지 않아도 나머지 방들 중에 하나라도 맘에 들면 예약으로 이어질 확률은 훨씬 높아진다.

  콘셉트가 가지는 의미를 이해하기 어렵다면 위의 사진에 있는 신발 중 어느 쪽이 더 맘에 드는지 한번 골라보기 바란다. 똑같아 보여도 밑창의 모양이 조금 다르다. 쉽게 고를 수 있을까? 장난처럼 보일진 몰라도 수많은 펜션 객실들과 크게 다르지 않다. 대부분 마감 수준을 크게 벗어나지 못한 비슷비슷한 콘셉트다. 애써 다르게 꾸민 경우들조차 그 차이는 크지 않다. 이래서는 곤란하다. 운동화도 그저 발이 편한 정도로는 팔리지 않는다. 자기 취향에 맞아야 지갑을 연다. 쇼윈도에 진열된 모든 상품이 마찬가지다. 가격이나 품질보다는 고객의 취향이 우선이다. 펜션도 이 정도 고민은 해야 살아남을 수 있다.

　객실 구조를 달리하는 방법은 콘셉트의 차별화 중에 가장 최상이다. 하지만, 여러 개의 객실을 서로 다른 구조로 만들기엔 현실적인 한계가 크다. 고작 70평 남짓한 규모의 건물을 여러 개의 방으로 나누다 보면 크기나 구조는 엇비슷해질 수밖에 없다. 차선책은 두 가지다. 동일한 면적의 객실 중 일부를 보이드 Void 형 복층 구조로 만들거나, 가구나 집기 비품 등의 배치를 달리하는 방법이다. 복층 구조는 시공비나 공정에 대한 추가적인 부담이 발생하는 대신 요금을 높여 받을 수 있는 이점도 있다. 위의 사진은 똑같은 구조의 객실을 서로 다른 콘셉트로 꾸민 사례다. 유심히 살펴보면 차이를 금세 알 수 있다.

시설을 이용하는 방법도 있다. 월풀이나 스파를 놓는 일은 항상 조심스럽지만, 객실을 차별화시킬 땐 유용하게 쓸 수 있다. 특히 전망이나 객실 위치가 나쁠 땐 월풀을 설치해 예약을 유도하는 방법도 좋은 아이디어가 된다. 대신, 객실 요금 책정엔 신중해야 한다. 월풀 외에도 일반 객실에 없는 색다른 시설을 갖추는 방식도 있다. 면적에 여유가 있을 땐 아일랜드식 주방을 만들어 주거나 대형 TV와 DVD 플레이어, 가정용 게임기 등 간단한 위락 시설을 추가하는 것만으로도 충분한 효과를 거둘 수 있다.

객실의 기본 색상을 달리하는 방식은 가장 기본적인 콘셉트의 변화다. 과거와 달리 인테리어 트렌드가 많이 바뀐 탓에 요즘은 흔히 쓰진 않는다. 오히려 자재나 소품, 조명에 보다 더 많은 신경을 쓰는 추세다. 목재는 전통적인 인테리어 자재로서 쓰임과 활용도면에서 으뜸이다. 고급을 추구할수록 목재를 소홀히 여기는 경향이 큰데 매우 잘못된 생각이다. 수종이나 가공 방식에 따라 무수히 많은 종류의 고급 목재가 쓰인다. 종류에 따라서는 웬만한 고급 자재들보다 비싼 목재들도 많다. 타일도 꽤나 종류가 많다. 수익형 펜션을 염두에 두고 있다면 고급 타일은 넓은 면적보다는 포인트 위주로 쓰는 편이 훨씬 더 효과적이다. 언제나 비용대비효과를 고민해야 한다.

조명은 특히 더 중요하다. 펜션 객실의 층고^{層高}는 일반 주택보다 훨씬 더 높게 설계되어야 한다. 조명의 선택 때문이다. 층고가 낮으면 다양한 종류의 조명을 쓸 수 없다. 펜션의 객실에 설치되는 조명은 밝기^{照度}보다 디자인이 먼저다. 소품도 무시 못 한다. 흔히 소품이라고 하면 펜션 홈페이지를 촬영할 때 늘어놓는 아기자기한 장식이나 와인병 따

위만 떠올리는데 이 역시도 큰 착각이다. 가구와 전자제품, 식기류 등의 기본 비품을 포함한 나머지 모두가 소품의 역할을 한다. 창에 거는 커튼이나 바닥에 까는 러그, 카펫 등은 객실 디자인의 중요한 포인트가 된다. 벽에 거는 액자나 옷걸이 하나를 고를 때도 객실마다 특징을 염두에 두어야 한다. 디자인의 일관성을 유지하기 위한 최고의 방법이다.

수익형 펜션을 기획하는 과정에서 인테리어를 건축보다 우선시하는 이유는 판매율을 끌어올리기 위해서다. 인테리어 디자인은 건축 설계와 병행되어야 한다. 건축에 맞춘 인테리어가 아닌 인테리어 디자인을

위한 건축 설계가 필요하다. 건축상의 편의나 비용 문제로 인테리어의 밀도를 떨어뜨려서는 안 된다. 인테리어가 자신이 팔 '상품'이라면, 건축은 상품을 보기 좋게 진열하는 포장쯤으로 여겨도 좋다. 테마와 콘셉트라는 아무 관계 없어 보이는 개념을 강조하는 이유도 마찬가지다. 한눈에 소비자가 매료될 수 있는 펜션, 고객들에게 보다 폭넓은 선택의 기회를 제공할 수 있는 펜션을 만들어야 한다. '수익형'이라는 단어는 합리적인 투자와 높은 판매가 합쳐진 개념이란 사실을 잊지 말자!

CHAPTER 03

수익형 펜션 창업의
건축과
인테리어 실전

11

펜션 건축과 인테리어는
합리적으로 진행하자

　펜션을 만드는 과정은 절대 순탄치 않다. 평생 자기 집 한 번 지어본 적 없는 사람들에겐 특히나 낯설고 힘든 일이다. 과정도 고되지만 준비는 더 어렵다. 절차도 생소하고 만나는 사람들과의 대화도 겉돌기 일쑤다. 받아본 견적도 천차만별이고 공사에 대한 의견들도 제각각인 탓에 제대로 된 판단이 힘들다. 나름 전문가라는 사람들의 한마디 한마디에 일희일비할 수밖에 없는 게 펜션 건축과 인테리어다. 간단한 공정 하나를 두고도 어떤 이는 필수라고, 또 다른 이는 무시해도 좋다고 우길 때가 많다. 중심을 잡지 못하고 이리저리 휩쓸리다 보면 어느새 공사는

112

산으로 가버린다.

**돈을 벌 목적이라면
잘 만든 집이 아닌 매출을 만들 궁리가 먼저다.**

펜션 인테리어를 단순히 벽에 무언가를 만들어 붙이거나 조명을 다는 일쯤으로 여겨서는 안 된다. 건축도 마찬가지다. 골조를 세우고 창호를 달고 마감을 짓는 일은 집을 만드는 과정일 뿐 매출과는 아무런 관계가 없다. 매출을 만드는 일은 그 누구도 대신해 줄 수 없다. 설계사무소는 물론이며 시공업체도 마찬가지다. 매출에 관한 관심과 고민은 오롯이 내 몫이다. 하지만 문을 열고 장사가 시원찮을 땐 다들 애먼 집 탓만 한다. 집 짓고 원수지는 경우다. 집주인만 섭섭할까? 아니다. 지어준 사람도 억울하긴 마찬가지다. 정직하게 견적을 내고 성실하게 만들어 준 죄밖에 없다. 근본적인 원인은 서로가 바라보는 지향점이 달랐다는 점이다. 거기에 더해 양쪽 모두 매출에 대한 고민 따윈 처음부터 없었다고 보는 게 정답이다.

매출을 만들어야 한다는 소릴 한낱 말장난쯤으로 받아들이는 사람들이 많다. 입에 발린 소리라고 폄하할 수도 있다. 좋다. 어떤 식으로 받아들여도 할 말은 없다. 하지만 '매출을 만든다'라는 소리에 담겨 있는 본질을 알고 나면 쉽게 웃어넘기긴 힘들다. 다들 착각하는 부분이 있다. 펜션은 내가 만든 집의 일부를 남에게 빌려주는 사업이란 사실이다. 단기 임대업과 크게 다를 바 없다. 임대 기간이 월 단위가 아닌 초단기일 뿐이다. 실제로 생활형 숙박시설로 등록된 펜션들도 있다.

우리가 남의 집을 월세나 전세로 빌릴 때 기준은 무엇일까? 바로, 평당 임대료다. 30평형 아파트를 20평형 월세 가격으로 빌릴 순 없다. 부동산 거래의 모든 기준은 평坪으로 정해진다. 펜션의 객실 요금도 평수에 따라 다르다. 매출은 기간별로 들어온 임대료를 합한 것과 크게 다르지 않다. 결국 예약률이 높다는 건 임대가 잘 나간다는 소리와 같은 뜻이다.

이런저런 경우의 수나 편법 따윈 제쳐두고, 일단 농가민박으로 운영되는 펜션은 연면적을 기준으로 70평을 넘길 순 없다. 70평이라는 한

정된 면적으로 최대한의 매출을 뽑아내야 한다. 어떻게? 돈을 받고 빌려줄 수 있는 공간을 최대한 많이, 최대한 넓게 뽑아야 된다. 수익형 펜션의 기획 설계에선 건축 디자인의 비중을 크게 두지 않는다. 연면적 70평이라는 한정된 공간으로 최대한의 매출을 올리기 위해선 건물에 멋을 부릴 여유가 좀처럼 없다. 멋을 부리기 위해선 면적을 깎아 먹을 수밖엔 없다. 간혹 제 살 깎아 폼 잡을 때도 있다. 유명한 건축가를 초빙해 한껏 멋을 낸 펜션들도 많다. 서로의 지향점이 다르다는 소리는 여기서 나온다. 이런 연유로 펜션 설계는 좋게 말하면 심플하게, 심하게 말하면 박스를 쌓아 올린 모양 이상은 힘들다. 그래서 인테리어가 중요하다.

최대한 많은 매출을 올리기 위한 펜션 공사는 서로가 객관적으로 확인할 수 있는 합리적인 계획에서 출발한다.

우리가 남의 집을 빌리거나 오피스텔을 임대할 때 평당 시세보다 돈을 더 줄 때가 있다. 최근에 지어진 새집이거나 기본적인 시설 외에 별도로 딸린 옵션이 많은 경우다. 펜션도 마찬가지다. 펜션이 처음 생길 때부터 각 기관별 주무 부서에서는 평당 만 원을 넘기지 말라는 권고와 계도를 꾸준히 해왔다. 동일한 바닥 면적을 복층으로 넓힌다거나 월풀이나 스파를 설치해 비싸게 파는 모든 행위는 한 푼이라도 더 벌기 위한 노력과 궁리의 산물들이다. 선택할 수 있는 옵션의 수를 늘려

부가가치를 높이는 행위가 바로 펜션 인테리어다. 단순히 벽지를 바르고 조명을 다는 것이 인테리어의 전부가 아니라고 설명하는 주된 배경이다. 물론 건축의 비중을 낮게 본다는 의미는 아니다. 건축이나 인테리어 양쪽 모두 매출을 만든다는 점에선 어느 한쪽도 소홀히 할 순 없다. 하지만 인테리어의 비중이 훨씬 더 크다.

펜션을 짓고 나면 건축이나 인테리어가 마음에 들지 않을 때가 있다. 돈은 줄 만큼 주었다고 생각했는데도 결과가 시원찮다는 느낌이 들어서다. 원인은 서로가 객관적으로 확인할 수 있는 합리적인 계획과 합의가 없었기 때문이다. "잘 좀 부탁드려요!"로 시작해 "아니 이게 꼴이 뭡니까?"로 끝나는 이유다. '알아서 잘 해주겠지!' 했던 막연한 기대가 무너질 땐 화도 난다. 도대체 어디서부터 어떻게 잘못된 건지 원인도 모른 채 푸념만 늘어놓는다.

건축가가 고민해서 만들어 온 설계 도면을 보면서 '잘 모른다'는 핑계로 어물쩍 넘어가선 곤란하다. 인테리어 디자인을 놓고 '맘에 드니 안 드니' 타박만 할 일도 아니다. 제대로 장사를 할 요량이면 상대가 지쳐 떨어질 때까지 묻고 또 물어야 한다. 설계사나 디자이너의 의도를 정확히 파악하고 판단하라는 뜻이다. 시공이나 자재를 모른다고 부끄러워할 이유도 없다. 상대가 던지는 낯선 용어에 기죽을 필요도 없다. 기술적인 부분까지 물어볼 필요는 없다. 상식적인 의문과 합리적인 대답이 중요하다. 완공이 아니라 매출에 얼마나 도움이 될지 곰곰이 따져봐야 한다.

건물 외장에 값비싼 자재는 최대한 줄이자. 홈페이지에 사진이 올라갈 부분을 제외하면 드라이비트나 스타코플렉스 마감이 최고다. 단열에 좋고 비용도 가장 적게 든다. 객실엔 콘센트를 최대한 많이 뽑아달라고 하자. 스마트폰에서부터 갖가지 충전할 물건들을 바리바리 싸 들고 올 고객들이 정말 좋아한다. 욕실의 타일 줄눈은 회색이나 짙은 색상이 적당하다. 흰색 줄눈에 낀 때는 두고두고 스트레스다. 청소도 힘들다. 객실 바닥재는 데코타일이 가장 좋다. 찍히거나 상한 부분만 간단하게 떼어내고 새로 갈아주면 그만이다. 관리에 수월하다. 반대로 애견 펜션인 경우 바닥은 무조건 장판이다. 키즈 펜션은 벽지나 바닥재 등 모든 기본 마감재를 친환경 인증제품으로 쓰자. 돈이 더 든다고 하면 더 주면 된다. 단 한 번의 잘못된 입소문이 모든 노력을 수포로 돌린다. 건축 과정의 기술적인 공정이나 인테리어 디자인의 호불호 따윈 머릿속에서 지우자. 고객의 관점에서 되돌아보고 꼼꼼히 따져보면 많은 부분을 고치고 개선할 수 있다.

건축과 인테리어는 시간과 돈의 싸움이다.
충분한 시간과 노력의 대가를 지불하자. 고스란히 이익으로 남는다.

제법 오랜 기간 펜션 창업을 대행해 오면서 정해놓은 원칙이 있다. 공사에 참여한 업체들에 대한 충분한 비용 지급이다. 공사 진행도 정상적인 일정이라면 결코 서두르거나 재촉하지 않는다. 이 두 가지 원칙만큼은 반드시 지키려고 애쓴다. 옆에서 지켜보는 건축주 입장에선 꽤나 서운해한다. 함께 거들어서 한 푼이라도 더 깎아주지는 못할망정, 되려 더 주라거나 기다리란 소리만 되풀이해서다. 업체와 연줄이 있거나 딴 속셈이 있어서가 아니다. 건축과 인테리어의 완성도는 시간과 돈으로 판가름난다. 펜션은 객실을 파는 장사다. 돈을 적게 들인 만큼 표가 난다. 자꾸 재촉하면 재촉할수록 빼먹거나 빠뜨리는 일이 늘어난다. 충분한 대가를 지급하고 최대한 많이 얻어내는 편이 현명하다. 당장은 서운하고 아쉬울지 몰라도 시간이 지나면 저절로 알게 된다. 맘고생 했던 모든 일이 고스란히 이익으로 남는다는 사실을.

세부적인 계획과 합리적인 합의를 위해선 돈을 내는 쪽과 일을 받아서 하는 쪽이 객관적으로 평가할 수 있는 기준이 필요하다. 건축이나 인테리어에선 필수다. 그런데, 건축 도면과는 달리 인테리어 디자인엔 꽤나 인색하게 군다. 건축설계와 도면은 행정 처리를 위한 필수라서 그런지 몰라도 군말 없이 비용을 준다. 대신에 인테리어 공사는 계약을 핑계로 대충 때우거나 디자인 시안試案도 확인하지 않고 공사를 진행하는 일이 비일비재하다.

서로가 확인할 수 있는 세부적인 계획이 없이 일을 진행하다 보면 각자가 머릿속에 그리는 그림이 다른 경우가 많다. 그래서 끝에 가면 서로 눈을 흘기거나 실랑이를 벌이는 일이 잦아진다. 계약과 관계없이 디자인 비용은 따로 지급하자. 요즘은 인테리어 디자인과 시공을 분리하는 경우도 많다. 우리가 팔아야 할 객실이 상품이라면 객실을 디자인하는 전문가는 일류 요리사와 다름없다. 음식 장사는 주방장 손끝에 달려있다는 소릴 자주 듣는다. 마찬가지다. 미리 예산으로 압박하거나 대충 공사를 진행하면서 밀어붙이려는 생각은 버리자. 음식 맛만 버리는 꼴이다.

설계 사무실을 통해 전달받는 도면CAD보다 인테리어 디자인 시안이 눈으로 보기 편하다. 3D 프로그램이든 손으로 그린 스케치든 일반인이 검토하기엔 훨씬 수월하다. 적정한 비용만 지급하면 복잡한 설계 도면도 알아보기 쉬운 그림으로 바꿔준다. 공사를 시작하기 전에 이런 자료들을 살펴보고 검토하는 일은 무척 중요하다. 건축과 인테리어에서 가장 무서운 점은 일이 끝나고 나면 바꿀 수 있는 여지가 별로 없다는 사실이다. 땅을 파고 공사를 시작하기 전에 충분한 검토가 먼저다. 수정할 부분은 고치고, 챙길 부분은 확실히 챙기는 편이 좋다.

계약을 전제로 일을 시키는 방법도 옳지 않다. 태반은 일을 딸 욕심을 부리거나 예산에 맞춘 디자인 이상을 뽑아오지 않는다. 공사를 재촉하는 일도 마찬가지다. 정상적인 업체들은 될 수 있으면 일을 빨리 마치려고 애를 쓴다. 오히려 공사가 끝나기 전에 미리미리 빠진 부분이 없는지 여유 있게 확인하고 챙겨야 한다. 물론 추가적인 비용이 필요한 경우엔 당연히 감수해야 한다.

건축과 인테리어는 펜션 창업에서 가장 큰 비중을 차지한다. 돈도 제일 많이 들며, 시간도 가장 많이 잡아먹는다. 하지만 잊지 말아야 한다. 완공이 목표가 아니라 매출이 목표라는 생각으로 임해야 한다. 많은 대화를 통해 객관적인 검토와 합의를 마친 후에 계약해도 늦지 않다. 비용도 충분히 지급하자. 덮어놓고 퍼주란 소리가 아니다. 건축과 인테리어는 단번에 끝나는 일이 아니다. 짧게는 몇 개월, 길게는 몇 년씩 손을 봐야 하는 일들이 생긴다. 하자 보수와는 별개다. 펜션을 운영하다 보면 소소한 문제가 늘 생긴다. 집은 만든 사람이 제일 잘 안다. 원만한 관계를 유지할 필요가 있다는 뜻이다. 적절한 비용을 주고 일을 맡기면 문제 해결이 가장 빠르다.

12

펜션의 테마에 어울리는
건축 형태를 찾자

수익형 펜션에 적합한 건축 형태의 결정　　Check / Point

• 자신의 테마에 맞는 구조와 형태를 선택

• 판매와 서비스, 관리에 대한 충분한 검토

• 차별화시킬 수 있는 방법에 집중

　펜션 건축에는 꽤나 다양한 형태의 시공 방식이 쓰인다. 외관상 미국식 목조 주택이 주를 이루던 초창기 펜션들과는 달리 최근에는 모던 건축 스타일이 대세를 이루고 있다. 시공 방식도 경량 목구조, 스틸하우스, 조적조, 철근콘크리트조 등 일반 주택에 사용되는 대부분의 방식이 적용되고 있다. 너무나 다양한 외관과 시공 방식이 우리를 힘들게 한다. 주로 다루는 시공 방식에 따라 업체들이 제시하는 평당 시공비도 천차만별이다. 외관 형태도 각양각색인 탓에 어떤 모양으로 만들어야 할지 망설이게 된다.

시공방법이나 견적보다는
테마와 쓰임에 맞는 형태가 우선이다.

건축 자재와 시공 방식이 놀랄만한 발전을 이룬 덕분에 일반인이 한
눈에 건물의 구조를 가늠하기란 정말 쉽지 않다. 웬만한 전문가들도
마찬가지다. 실제 현업에서 일하는 사람들은 펄쩍 뛸지도 모르겠지만,
건물을 지탱하는 뼈대의 차이가 전부라고 볼 수 있다. 목재로 골조를
이룬 집을 목조 주택이라고 부른다면 철로 대신한 집은 스틸하우스라
고 보면 된다. 꽤 많은 사람들이 집은 철근 콘크리트조가 가장 안정적
이라고 주장한다. 목조 주택이 철근콘크리트조에 비해 저렴한 비용으

로 지을 수 있다고 말하는 경우도 많다. 모두 다 틀린 말도 아니지만 딱히 정답도 아니다. 철근콘크리트조도 바닥 기초가 부실하거나 벽체의 작은 균열만으로도 큰 하자가 생길 수 있다. 목조 주택이 단열에 뛰어나고 비용도 저렴하다는 얘기도 시공에 따라 차이가 크다. 어떤 시공 방식을 택하던 건축주가 욕심을 부리는 한 비용의 차이는 크지 않다. 결국 선택의 문제일 뿐이다.

　펜션의 외관도 입지와 테마에 따라 크게 갈린다. 시공 방식이나 견적은 나중 문제다. 자기 땅의 입지나 주변 환경 등은 건물의 형태와 밀접한 관계를 맺는다. 내륙에 위치한 땅은 박공博栱 지붕 형태의 전원주택 스타일이 비교적 안정적이다. 모던한 스타일의 건물도 나쁘진 않지만 깊은 산속이나 딱히 내세울 만한 풍경이 없는 평범한 자리에 풀 빌라 식은 어울리지 않는다. 풀 빌라는 바다가 보이는 해안이나 탁 트인 강변에나 어울린다. 바다를 낀 지형에는 산토리니 풍의 건축물도 상당히 인상적이다.

자신이 운영할 펜션의 테마도 중요한 결정 기준이다. 커플 위주의 펜션엔 모던한 스타일이 적당하며 시공도 철근콘크리트조가 안정적이다. 복층을 만들기 위한 층고의 확보와 노출된 콘크리트를 그대로 활용하는 최근의 인테리어 경향과도 잘 어울린다. 가족 펜션엔 다양한 부대시설과 어우러지는 건축 형태를 찾아야 한다. 주변 풍광이 뛰어난 입지엔 외향적인 구조가 좋으며 반대의 경우엔 내향적인 구조로 시선을 안으로 가두는 설계가 좋다. 여러 개의 건물로 이루어진 펜션을 염두에 둔다면 야외 수영장을 중심으로 건물을 배치하는 방사형 구조도 좋다. 애견 펜션이나 힐링을 테마로 한 가족 펜션은 모던 건축 스타일보다는 전원주택 스타일이 더 잘 어울린다. 조경이나 데크 등과 어우러지는 펜션 구조가 필요하기 때문이다.

판매와 서비스, 관리도 충분히 반영되어야 한다. 70평이라는 한정된 면적으로 최고의 매출을 만들기 위해선 판매의 효율을 고려한 구조는 필수다. 서비스 운영에 필요한 공간도 중요하다. 쾌적한 바비큐 서비스를 위한 베란다나 발코니 면적도 충분해야 한다. 서비스와 관련된 다양한 부대시설의 배치에 따라서도 건물의 형태가 달라진다. 최근에는 물이 순환되는 인피니티Infinity 수영장이 늘어나는 추세인데, 건축물의 형태와 배치에 따라 활용도에 큰 차이가 난다. 관리를 위한 공간이나 동선의 확보도 중요하다. 높이가 2층 이상인 건물은 서비스 면에서나 관리 측면에서 엘리베이터의 설치를 최우선으로 검토해야 한다. 여러 동의 건물로 이루어진 경우엔 관리 동선을 최대한 줄일 수 있는 배치도 고민해야 한다.

차별화는 익숙함 속에서 찾아야 한다.
특이한 건 이상하고, 전에 없던 건 그저 낯설 뿐이다.

건축에 지나친 욕심을 내다보면 무언가 좀 더 특이하거나 전에 없던 형태에 집착하게 된다. 결과는 생각보다 좋지 않다. 유명한 건축가에게 의뢰한 '작품' 수준의 펜션들도 제법 많은데 매출보다는 관광 명소로서의 유명세가 앞서는 집들이 더 많다. 그나마 이 정도면 괜찮다. 영업 전략만 바꿔도 어렵지 않게 매출을 올릴 수 있기 때문이다. 훨씬 더 암담한 경우들도 심심찮게 보인다. 깊은 산속에 지어진 거북선이나 비행기 모양을 본뜬 특이한 펜션도 있다. 바다나 호수 위에 떠 있는 수상 가옥도 제법 있고, 사극이나 판타지 영화에 나올 법한 기이한 형태도 많다. 스스로는 대담한 시도라고 여길지 몰라도 결과는 늘 나쁘게 끝난다.

미안한 말이지만 유명 건축가에게 의뢰한 작품 수준의 펜션들은 출발부터 수익형 펜션과는 거리가 멀다고 본다. 지나친 투자비용이 가장 큰 걸림돌이다. 이쯤 되면 아무리 벌어도 본전 찾기가 요원하다. 특이한 구조나 형태로 만들어진 펜션들은 두말할 나위 없다. 지나치게 특이한 형태는 낯설고 이상할 뿐이다. 차별화는 익숙함 속에서 찾아야 한다. 차별화란 남들과 다른 경쟁력을 뜻한다. 듣도 보도 못한 무모한 시도를 말하는 게 아니다. 자칫 애꿎은 집만 버린다.

더러 한옥 펜션을 고집하는 사람들이 있는데 가급적 머릿속에서 지웠으면 한다. 한옥의 가치를 폄하하는 게 아니다. 소비자들이 흔히 떠

올리는 펜션의 이미지와 너무 동떨어진다는 점이 문제다. 한옥에 어울리는 인테리어도 대단히 제한적이다. 현대적인 입식 구조와도 어울리지 않는다. 건축 관련 잡지나 화보집에 등장하는 멋진 한옥은 빨리 잊자. 내가 살 집이 아닌 이상 수익형 펜션으로 만들 방법이 거의 없다. 물론 한옥 펜션도 제법 많다. 지금까지 대략 1만 2천여 개에 달하는 펜션 홈페이지를 조사하고 해마다 갱신해 오고 있지만, 한옥 펜션 중에 비자립형 수준 이상의 매출을 올리는 집은 단 한 곳도 본 적이 없다. 한옥뿐만 아니라 황토방 펜션이나 기타 전통 가옥을 본뜬 그 어떤 경우도 마찬가지다. 일본의 아소팜 빌리지와 유사한 돔 하우스도 매번 결과는 뻔하다.

건축은 수익형 펜션 창업의 전 과정에서 가장 많은 비용과 시간을 필요로 한다. 전체 예산과 공정에 약 50~60% 이상을 차지한다. 하지만 판매에 기여하는 비율은 30% 정도에 불과하다. 홈페이지를 보고 예약하는 사람들에겐 객실 인테리어가 가장 먼저 눈에 띈다. 각종 서비스 시설과 부대시설은 그다음이다. 다들 건물의 생김새나 외관에 그다지 큰 관심이 없다. 홈페이지에 올라온 사진의 숫자만 헤아려보아도 충분히 이해가 된다. 건물의 외관은 주변 풍경을 소개할 때 얼핏 비치는 사진 한두 장이 전부다. 건축은 우리가 팔아야 할 상품을 담는 그릇이다. 그릇에 담긴 음식의 맛이 제일 중요하다. 그릇의 가치는 음식을 만든 정성과 품격을 떨어뜨리지 않는 수준이면 족하다. 수익형 펜션 창업에 있어 건축이 가지는 의미는 딱 거기까지다.

13

보다 더 효율적인
펜션 공사를 위해 해야 할 일들

사실 펜션 정도는 그리 대단한 규모의 공사도 아니다. 펜션의 규모가 아무리 커도 마찬가지다. 여러 동을 동시에 짓는 일도 따지고 보면 크게 어렵지 않다. 상가나 원룸, 빌라와 견주어도 펜션 공사의 난이도는 높지 않다. 하지만, 대부분의 건축주들은 공사가 시작되면 거의 매일이다시피 현장에 나와 눈을 부릅뜬 채 하루를 보낸다. 혹시나 하는 심정은 이해가 가지만 애써 말려도 요지부동이다. 집을 지어본 경험이 있는 경우엔 특히 더하다. 하지만 별반 달라지는 것도 없다. 현장에서 일하는 기술자들조차 자기가 맡은 공정 외에 나머지 일들은 세세하게 알지 못한다. 차라리 자신이 운영할 펜션에 필요한 부분들을 빠짐없이 챙기려는 적극적인 자세가 필요하다. 기술적인 부분들은 설계 과정에서 미리 정해지기 마련이고, 현장에서의 일들도 성실한 시공업체들에 맡기면 큰 무리가 없다.

잘 만든 **펜션**을 원한다면 공정이나 시공보다는
장사에 필요한 부분들을 꼼꼼히 챙기는 자세가 우선이다.

기획 설계가 끝나면 정리된 모든 계획들을 구체화시켜줄 건축사무소를 찾아야 한다. 많은 사람들이 펜션 설계를 고민한다. 이름난 건축가들도 제법 많고 유명한 펜션을 설계한 회사들도 여럿 있지만, 지역의 관내 사정에 밝은 건축사무소를 찾아 의뢰하는 방법이 가장 안정적이다. 인허가나 각종 민원 처리에 유리하기 때문이다. 상담을 진행할 때도 기획 설계 과정에서 정리해둔 모든 자료를 놓고 자신의 구상을 구체적으로 설명해야 한다. 충분한 대화는 언제나 좋은 결과물로 이어진다.

정식 설계를 맡기기 전에 인테리어 디자이너와의 협업도 분명히 해두어야 한다. 인테리어 디자인을 설계에 반영해야 공사 효율을 높일 수 있기 때문이다. 펜션은 준공 검사가 끝난 다음에도 상당한 규모의 후반 작업이 필요하다. 월풀이나 스파, 실내 풀Pool 등의 설치나 복층 공사는 당연한 수순이고, 야외 데크와 수영장 공사 같은 건물 안팎의 추가 작업도 대부분 준공 후에 이루어진다. 기본 설계 단계에서부터 건축사무소와 디자이너, 건축주 본인의 충분한 협의와 의견 조율은 필수적으로 거쳐야 할 과정이다. 각종 추가 시설과 관련된 전기 및 설비 공사는 물론이며 객실의 구조나 층고 등도 사전에 협의를 마쳐야 모두가 편하다.

객실의 구조나 형태가 자신이 운영할 펜션의 테마에 적합한지 살펴야 한다. 커플 펜션의 객실은 원룸 타입이 기본이다. 불필요하게 방을 나눌 이유가 없다. 가족 펜션은 정반대다. 입실 인원과 구성에 맞는 구조와 가구 배치가 필요하다. 복층을 만들 계획이라면 용도 지역에 따른 층고 제한이나 건축 규정도 사전에 파악해 두어야 한다. 애견이나 키즈 펜션도 각각의 테마에 따라 객실의 구조나 형태가 전부 다르다. 객실 숫자를 줄이는 한이 있더라도 관리에 필요한 대책은 빠뜨리지 말아야 한다. 공사를 마친 후엔 속수무책인 경우가 생긴다. 매출을 만들어야 한다는 원칙과는 별개로 관리에 필요한 구조와 동선은 필수다.

인테리어 측면에서도 설계사와의 협업은 매우 중요하다. 디자인 콘셉트에 따라 동일한 면적, 같은 구조의 객실도 필요한 전기와 설비의 위치나 규모가 모두 달라지기 때문이다. 가구의 배치와 주방의 크기, 욕실의 배치, 환기 문제, 실내 동선 등에 따라서도 설계에 반영되어야 할 세부 사항은 상당하다. 건축설계사와 디자이너가 서로 합의한 사항은 전기와 설비 도면, 창호도 등의 구체적인 실시 설계에 반드시 포함되어야 한다. 현장에서의 즉각적인 수정도 가능하지만, 예산과 시간을 고려하면 설계 단계에서 충분히 반영되어야 혼선을 피할 수 있다.

스스로 답을 찾을 수 없는 부분들은 설계사나 디자이너와 협의를 거쳐 적절한 대안을 찾아야 한다. 각종 법규나 기술적인 내용들은 전문가들에게 맡기면 된다. 도면을 볼 줄 모른다고 주저할 필요도 없다. 이해가 될 때까지 설계사를 붙들고 설명을 듣자. 인테리어 디자인도 마찬가지다. 3D 도면이나 스케치업Sketchup 파일처럼 결과를 확인하는 데 시간이 걸리는 일이라면 대체할 수 있는 사진 자료나 충분한 대화로 문제를 풀어야 한다. 적절한 비용을 지급한 이상 당신이 원하는 최상의 결과를 얻어내야 마땅하다. 대충 넘어갈 일들이 아니다. 공사가 들어간 다음에 뒤늦게 문제를 발견했다면 설계 변경이 가능한지 확인하고 적절한 조치를 취해야 한다. 준비 단계에서 아무리 꼼꼼하게 점검하고 확인해도 예상치 못한 문제는 항상 일어난다.

시공 업체를 선정할 때도 업체의 실적이나 규모보다는 펜션에 대한 이해와 경험치를 먼저 확인해야 한다. 설계 단계와 마찬가지로 인테리어 업체와의 공동작업도 사전에 조율해야 한다. 인테리어를 포함해 공사를 맡길 경우엔 별도의 비용을 주더라도 디자인 시안을 확인한 다음에 결정해야 한다. 건축은 설계 도면에 따라 진행하면 된다. 감리도 설계 도면을 기준 삼으면 별다른 문제가 없다. 이와 반대로 시안 없는 인테리어 공사는 분쟁의 소지가 크다.

객관적으로 확인할 수 있는 디자인 시안은 필수다. 건축과 인테리어를 따로 맡길 땐 양쪽이 맡아서 진행할 공사의 시작과 끝을 정확히 나눈 업무 분장이 핵심이다. 공정工程의 연속성을 생각하면 공사 범위를 나누는 일은 무척 중요하다. 이런 점들을 간과하면 뜻하지 않은 낭패를 볼 수도 있다. 무작정 공사를 진행하다 보면 어느 한쪽도 책임지려 들지 않는 부분이 생긴다. 업무 분장에 이견을 보일 땐 차라리 업체를 바꾸는 편이 더 낫다. 견적도 마찬가지다. 양쪽의 공사 범위를 분명하게 나눈 다음에 세부적인 견적을 받아야 안전하다.

펜션의 경우 건축사무소에서 확정한 설계 도면에는 포함되어 있지 않은 별도 공사가 많다. 지하수 개발이나 각종 부대시설, 데크 공사, 주차장 시설 등 도면에 표시되지 않는 공종工種은 꽤나 많다. 대부분 판매를 제외한 서비스와 관리에 필요한 부분들이다. 건축 회사나 인테리어 회사에서 처리할 수 없는 부분들은 따로 업체를 찾아야 한다. 그런 다음 사전에 공사 내용과 견적을 확정 짓는 과정이 필요하다. 업체들과의 최종적인 계약은 위에 열거한 모든 사항들이 해결된 다음의 일이다.

업체를 선정하는 일 못지않게 중요한 사항이 공사 기간의 설정이다. 수익형 펜션 창업에서 오픈 시점을 정하는 일은 아주 큰 의미가 있다. 모든 공사는 늦어도 4월 안에 마쳐야 한다. 공사가 끝났다고 곧바로 영업에 들어갈 순 없다. 객실에 들어갈 가구나 각종 집기 비품, 전자제품의 구입과 설치, 홈페이지 제작 등에는 생각보다 많은 시간이 필요하다. 임시 홈페이지가 완성되면 일정 기간 광고를 집행해야 원하는 수준의 예약이 들어온다. 가장 중요한 점은 문을 연 직후에 성수기를 맞이

할 수 있어야 한다는 사실이다.

　문을 연 직후 성수기를 맞이할 수 있다는 이점은 무시 못한다. 투자 비용의 빠른 회수에 큰 도움이 된다. 성수기 매출은 아무리 적어도 비수기 매출의 두세 배가 넘는다. 신축 펜션이라면 예약률을 8~90%까지 끌어 올릴 수 있다. 규모에 따라선 창업 비용의 상당 부분을 첫해 성수기에 회수할 수도 있다. 이와 반대로 어정쩡하게 9월이나 10월에 문을 열면 매출을 끌어올리는데 많은 시간이 걸린다. 다음 해 여름 성수기가 다가올 때쯤이면 신축 펜션이라는 이점도 빛이 바랜다. 고작 몇 달 차이로 투자비용의 회수가 한없이 늦어질 수도 있다.

　공사를 시작하는 시점은 참여하는 주체들의 예상 공정을 역으로 계산해서 잡으면 된다. 건축과 인테리어 공사에 필요한 예상 기간이 총 6개월이라고 한다면, 적어도 전 해 8월이나 9월부터는 공사를 시작해야 한다. 6개월이라는 기간은 작업 일수가 180일이라는 뜻으로 해석해야 한다. 문을 여는 시점을 기준으로 단순하게 전해 10월이나 11월에 착공할 경우 이듬해 4월에 공사를 끝내기란 사실상 불가능하다. 기상 변화나 명절 연휴, 기타 공사 여건 등을 고려하면 180일이란 작업 일수보다 훨씬 더 여유 있는 기간 산정이 필요하다.

**펜션은 일반적인 주택과 달리
판매와 운영의 편의에 초점을 맞춰 만들어져야 한다.**

펜션을 운영하는 일은 무척 고되다. 일반적인 전원주택을 관리하는 일도 벅차지만, 손님을 맞이하고 관리해야 하는 펜션 운영은 생각 외로 부담이 크다. 건축과 인테리어 과정에서 건물의 외관이나 객실 디자인 못지않게 중요한 부분이 운영상의 편의를 고려한 시공이다. 전기와 설비 용량은 최대한 여유 있게 잡아 두는 편이 좋다. 각종 취사 기구나 전자제품은 기본이며, 장마철에 난방을 켜둔 채 에어컨을 하루 종일 돌리는 고객들의 특성을 생각하면 전기 용량은 최대한 넉넉하게 신청해야 한다. 일반적인 물 사용량을 제외하고 월풀이나 스파, 야외 수영장 운영에 필요한 급수 대책도 사전에 대비해야 한다. 지하수 확보와 충분한 급수량의 계산이 필요하다. 갑작스러운 단수나 설비 문제로 인한 고객과의 마찰은 엄청난 스트레스다. 여러 개의 건물로 이루어진 단지형 펜션이라면 각 동별로 급수를 호환시킬 수 있는 바이패스By Pass 배관 공사를 해두면 단수나 갑작스러운 설비 문제의 상당 부분을 해결할 수 있다.

단열과 누수, 결로에 대한 꼼꼼한 점검도 필수다. 나머지 공정은 업체를 신뢰해도 되지만 단열과 누수, 결로만큼은 다르다. 건축물의 구조상 하자는 물론이며, 운영상 짊어지게 될 부담이 너무 커진다. 창호는 단열에 우수한 제품을 쓰자. 당장 비용은 늘어나도 장기적으론 훨씬 이득이다. 난방 비용의 절감뿐만 아니라 객실을 사용할 고객들의 불만까지 고려하면 더욱 그렇다. 누수는 결정적인 하자이기 때문에 시공업체에서도 신경을 많이 쓴다. 하지만 결로는 다르다. 건축사와 감리, 시공업체 모두에게 확인하고 점검해야 한다. 환기도 필수다. 객실과 욕실 모두에 해당한다. 본격적인 공조 시설이 어려울 땐 자연 환기가 가능한 창호 구조를 택해야 한다. 단열과 누수, 결로 방지에 필요한 공정이나 자재, 예산을 아끼지 말자. 두고두고 골칫거리가 된다. 차라리 큰 의미 없는 외장 마감에서 비용을 줄이는 편이 낫다.

가구나 전자제품의 사양과 규격도 공사 시작 전에 미리 정해서 디자인에 반영하자. 에어컨은 외장 마감 전에 미리 배관을 설치해두면 깔끔하게 마무리할 수 있다. 주방에 설치할 취사도구나 용품의 종류와 크

기도 미리 정해야 한다. 객실이 어수선해 보이는 가장 큰 이유가 싱크대와 주방의 수납 문제다. 투자에 여유가 있다면 일체형 주방을 추천한다. 건물 외부의 야간 조명도 최대한 신경 써야 한다. 오후 3시에 고객이 입실하는 펜션의 특성을 생각하면 충분한 준비가 필요하다. 펜션 안팎에 부동수전不凍水栓을 설치해두면 청소와 관리가 월등하게 수월해진다. 발코니나 베란다에도 밝은 조명과 별도의 수전, 방수 콘센트를 필수로 설치하자. 시간이 갈수록 잘했다는 생각이 저절로 들게 된다. 쓸데없이 연못을 만든다거나 막무가내로 조경에 매달리는 일도 삼가야 한다. 펜션 운영에 대한 부담을 생각한다면 가급적 일을 줄이는 방향으로 풀어나가야 한다.

이 밖에도 펜션 운영에 필요한 부분들을 일일이 열거하자면 한도 끝도 없다. 하지만 분명한 원칙이 있다. 지극히 상식적인 부분들만 챙기면 된다. 내가 운영할 펜션을 머릿속으로 그려보고 실제 운영에 필요한 부분들을 떠올려 보자. 많은 문제를 사전에 해결할 수 있다. 물론 완성된 후에도 말썽은 끊이지 않는다. 그래도 넋 놓고 있다가 놓치는 문제의 상당 부분을 줄일 수 있다. 매일 같이 현장에 붙어서 눈을 부라리는 쪽보단 훨씬 더 큰 이득이 된다.

14

수익형 펜션
인테리어와 관련된 모든 궁금증

건축이나 인테리어를 말로 설명하는 일은 보통 힘든 게 아니다. 인테리어는 특히 더하다. 직접 눈으로 보고 판단하지 않는 한 어설픈 사진 몇 장이나 그럴듯한 말 몇 마디론 어림도 없다. 제법 오랜 기간 수익형 펜션 건축과 인테리어 현장을 맡아왔지만, 아직도 갈 길이 멀다고 느낀다. 건축은 세부적인 공정마다 필요한 나름의 전문성이 어렵다. 인테리어는 훈련된 안목과 오랜 경험이 필요하다. 둘 다 어설픈 전문가 흉내 조차 쉽지 않다. 창업 교육이나 강연을 나가서도 특히 설명하기 어려운 분야가 수익형 펜션의 인테리어다. 각자의 취향과 선호도 들쑥날쑥하고 트렌드도 워낙 빠르게 바뀐다. 딱히 정해진 틀도 없다. 하지만 정해진 틀이 없다는 점은 오히려 약점이 아닌 기회로 작용할 때가 많다.

수익형 펜션 인테리어는 목적과 방법 자체가 일반 주택과는 전혀 다르다.

인테리어의 사전적 정의는 '쾌적한 실내 환경을 만들기 위한 실내 마감재, 가구, 조명기구, 커튼 등의 총칭'이라고 나온다_{출처-건축용어사전/현대건축 관련용어편찬위원회}. 펜션 인테리어도 개념적으론 크게 다르지 않다. 다만 쾌적한 실내 환경이 아니라 '다양한 취향과 기호에 맞춘 원활한 판매'에 방점이 찍힌다는 차이뿐이다. 이 개념은 특히 펜션 리모델링에서 극명하게 갈린다. 오랜 기간 장사를 이어가다 보면 객실 인테리어를 바꿀 시점이 온다. 리모델링의 목적은 부진한 판매율의 회복에 있다. 쾌적한 환경이 아니다. 펜션 인테리어를 일반 주택과 똑같다고 생각하면 큰돈을 들여 리모델링을 할 이유가 없다. 그저 도배나 바꾸고 가구만 교체해도 된다. 펜션 인테리어와 리모델링의 성패는 매출로 판가름난다.

매출의 차이는 인테리어의 차이라고 봐도 무방하다. 잘 팔리는 펜션과 그렇지 못한 펜션도 쾌적한 실내 환경이라는 점에서만 보면 별 차이 없다. 특별히 청소나 관리 상태가 엉망인 경우를 빼면 사람이 들어가 하루를 묵어가기엔 별다른 문제는 없다. 대신, 잘 팔리는 펜션은 분명

남들과 다르다. 누가 봐도 팔릴만한 인테리어로 꾸며져 있다. 벽체나 바닥의 기본 마감재부터 가구, 조명, 커튼 등 무엇 하나 빠지지 않는다. 투자비용의 차이도 있겠지만, 어쨌든 다양한 사람들의 취향과 기호에 맞는다는 사실은 부정할 수 없다. 반대 경우는 여러 가지 문제가 눈에 보인다. 들인 돈의 차이가 아니라 소비자의 취향과 기호를 따라가지 못한 인테리어가 가장 큰 문제다.

펜션은 편의가 아닌 색다른 체험을 기대하는 사람들이 찾는다는 사실을 잊지 말아야 한다. 소비자들의 취향과 기호를 따라가지 못했다는

점은 펜션을 찾는 소비자들의 기대를 저버렸다는 뜻으로 해석될 수 있다. 가격이 비싼 경우엔 특히 더하다. 물론 싼값에 방을 찾는 사람들도 있다. 하지만 풀 빌라 수준의 고급 펜션은 다르다. 높은 가격을 받을 요량이라면 일상에서 흔히 누리던 환경과는 격이 달라야 한다. 비싼 값을 마다하지 않는 소비자들은 평소에 생활하는 주거 환경부터 남다르다고 보는 게 맞다. 하룻밤에 수십만 원씩 하는 비싼 방값을 아무렇지 않게 낼 수 있는 사람들이라면 그들이 평소에 누리는 고급의 수준을 가볍게 여길 순 없다. 단순한 수준의 고급만으론 해결이 어렵다.

잘 팔리는 펜션들조차 투자비용의 문제는 간단치 않다. 고급이라는 일반인들의 눈높이를 맞추다 보면, 웬만큼 돈을 들여도 표가 안 난다. 호텔에서 밥 한번 먹는 걸 큰 호사로 여기던 시절은 한참 옛날이다. 돈 많은 사람들이 사는 호화주택은 둘째치고 웬만한 아파트나 가정집들만 해도 옛날 사람들 눈엔 고급 호텔 못지않은 수준이다. 그래서 어렵다. 값비싼 실내 마감재만으로는 경쟁력 있는 펜션 인테리어를 갖추기 힘들다. 하지만 아직도 많은 사람들이 인테리어의 기준을 마감재의 수준에 맞춘다. 건축주는 심리적 만족감 때문에 고급 마감재를 찾는다. 업체 입장에서도 고객의 요구를 가장 손쉽게 해결할 수 있는 최상의 방법이 고급 마감재다. 디자인에 대한 부담도 줄어든다. 오랜 궁리 끝에 떠오른 그 어떤 창의적인 디자인도 값비싼 마감재 앞에선 무용지물인 경우가 많다. 인테리어 자체가 돈이 걸린 작업인 탓이다. 돈을 내는 사람 입장에서도 디자이너의 창의성보다는 자재의 높은 단가가 훨씬 더 마음에 든다. 그래서 다들 쉽게 쉽게 가는 거다.

**잘 만든 펜션 인테리어는
한두 장의 사진만으로 고객을 끌어들일 수 있어야 한다.**

같은 영상물이라도 광고와 영화는 확실히 다르다. 광고는 15초의 짧은 시간 안에 소비자들의 눈길을 끌 수 있는 감각적인 연출이 필요하다. 할리우드의 유명 감독들 중엔 뛰어난 광고 연출자 출신들이 많다. 특히 흥행을 최우선시하는 블록버스터 영화 연출에 탁월한 자질을 뽐낸다. 잠시도 쉴 틈 없이 관객의 눈을 즐겁게 만드는 재주가 탁월하다. 이와 반대로 예술영화는 긴 호흡으로 관객들을 이끌어 간다. 세계적인 거장으로 추앙받는 영화감독들의 작품은 대체로 꽤나 지루하다. 그 지루함을 참아낸 관객들과 평론가들은 탁월한 작품이라고 칭찬을 하지만, 흥행은 매번 신통치 못하다. 펜션 인테리어는 광고처럼 만들어야 한다. 홈페이지를 살펴보는 동안 지루할 틈이 없어야 한다. 지루함을 느끼는 순간 망설임 없이 자리를 박차고 일어선다.

상담을 나가면 "우리 집은 오는 사람마다 좋다고 하는데 장사가 안 되는 이유를 모르겠어요!"라고 하소연하는 주인들을 자주 만난다. 실제로 방을 둘러보면 제법 운치 있고 아늑하다. 대신 홈페이지에 올려둔 사진에서 아무런 매력도 느끼지 못한다는 점이 문제다. 꽤 많은 풀 빌라 펜션에서도 똑같은 느낌을 받는다. 역시나 사진이 문제다. 지금은 쉽게 찾아볼 수 없지만, 예전에 황토방 펜션들이 제법 많았다. 하룻밤을 묵어보면 몸도 가볍고 푹 쉬다 온 기분을 느낀다. 편백나무 히노끼로 꾸며진 객실들도 마찬가지다. 직접 가서 보면 좋은데 홈페이지로 볼 땐 썩 내키지 않는다. 종국엔 이런저런 단점들 때문에 하나둘씩 사라져 버렸다.

직접 와서 보니 좋다는 평가보다는 홈페이지만 못하다는 쪽이 차라리 더 낫다. 고객을 기만하라는 뜻이 아니다. 인테리어의 완성도를 평가하는 척도로는 후자 쪽에 훨씬 후한 점수를 줄 수 있다는 의미다. 제품을 사서 써본 사람이 '좋다, 나쁘다'를 평가하는 건 만든 사람의 책임일 뿐이다. 광고를 탓해선 안 된다. 일단 광고는 많이 팔아주기만 하면 충분히 밥값을 한 셈이다. 수익형 펜션 인테리어도 마찬가지다. 홈페이지를 찾아온 고객들을 단순에 사로잡을 수 있어야 한다. 펜션은

단골 장사가 아니다. 일단 고객을 끌어들여야 한다. 눈에 띄는 큰 차이만 없다면 아무 문제 없다. 눈으로 보고 손으로 만져보는 느낌보단 사진으로 어필할 수 매력이 우선이다. 직접 보면 좋다고들 하는데 장사가 안된다는 하소연은 핑계에 불과하다. 잘 못 만들었을 뿐이다.

고급 마감재와 관련된 문제도 여기서 출발한다. 우리가 생각하는 고급 마감재도 사실 따지고 보면 별거 없다. 가장 흔하게 쓰는 합판이나 석고 등은 가격을 논하기조차 어렵다. 벽을 도배하거나 칠을 하느냐의 선택 정도를 빼면 우리가 떠올릴 수 있는 고급 마감재는 대리석이나 타일, 고급 바닥재 정도가 전부다. 육안으로 직접 확인해 보기 전까진 고급인지 아닌지 구분조차 쉽지 않다. 사진으로 볼 땐 특히 더하다. 고급 마감재가 주는 심리적인 만족감 이면에 숨어있는 함정이다.

일반적인 풀 빌라 펜션의 인테리어가 비슷비슷해 보이는 이유는 단조로운 색상 때문이다. 벽체 마감은 화이트 톤을 기본으로 한 도배나 페인팅이 일반적이다. 포인트가 되는 타일이나 석재도 같은 계열을 주로 쓴다. 바닥 마감도 폴리싱 타일로 주로 쓰는데, 이마저도 화이트 톤에서 크게 벗어나지 못한다. 가구나 집기까지 비슷한 톤으로 맞추다 보면 방안이 온통 흰색으로 뒤덮이게 된다. 겨우 조명이나 커튼 정도가 포인트가 될 뿐 사진으로 보면 밋밋한 화이트가 주를 이룬다. 모든 객실을 똑같이 꾸미기 때문에 상황은 더욱 심각해진다. 아무리 홈페이지를 살펴보아도 머릿속엔 온통 하얀색만 남는다.

　펜션 인테리어를 호텔이나 고급 주택 수준에 한정 짓는 한 도드라진 특징을 만들긴 어렵다. 호텔은 펜션과 판매 방식이 전혀 다르다. 호텔은 홈페이지로 방을 골라 예약을 하는 게 아니라 명성이나 등급이 예약을 좌우한다. 반대로 펜션은 홈페이지를 통해 보이는 여러 개의 객실 중 내 맘에 드는 방을 골라서 예약한다. 15초 내외의 짧은 시간 동안 관심을 끌어야 하는 광고 영상과 같은 원리다. 한두 장의 사진으로 깊은 인상을 심어주지 못하면 고객은 여지없이 발길을 돌린다. 인스타그램이나 온라인에 올라온 인기 있는 사진들을 떠올려보자. 사람들이 붐비는 카페, 음식점 등의 상업 공간을 주목해야 한다. 사람들의 눈길을 끌 수 있는 다양한 인테리어 디자인을 찾을 수 있다. 고급 주택이나 호텔의 이미지에서 벗어나야 한다. 결과물의 완성도는 물론이며, 비용마저도 크게 줄일 수 있다.

관여는 하되
디자이너의 안목을 신뢰하는 편이 훨씬 더 낫다.

인테리어는 기본적인 마감과 조명 외에 가구, 커튼 등을 모두 포함한다. 그런데 일반 건축에선 이런 부분들이 모두 빠진다. 수익형 펜션 창업에서 건축과 인테리어를 따로 나누는 가장 큰 이유도 통일성 있는 객실의 완성 때문이다. 실내 마감과 조명 외에 침대나 식탁, 침구나 커튼 등 나머지 부분들도 인테리어 디자이너에게 의뢰하는 편이 훨씬 효과적이다. 전업주부들 중에도 안목이 뛰어난 사람들이 제법 많다. 실제로 겪어본 펜션 주인들 중에는 기본 마감만 끝내면 나머지는 안주인이 도맡아 할 거라는 이들도 꽤 많았다. 당연히 결과는 좋지 못하다. 그들의 안목을 폄훼하는 게 아니다. 가구나 비품 하나하나를 고르는 감각은 뛰어날지 몰라도 전체적인 조화를 이루는 일은 절대 쉽지 않다. 음식 솜씨가 좋다고 밥장사에 성공하는 경우가 드문 것과 같은 이치다. 분야가 다르다는 점을 인정해야 한다. 디자이너를 믿고 맡기는 편이 좋다. 어설픈 훈수는 언제나 악수로 이어지기 마련이다.

경험 많고 능력 있는 디자이너는 대부분 자기 디자인에 어울리는 가구나 집기 비품, 패브릭 종류를 코디네이션Coordination 할 수 있는 역량을 갖추고 있다. 공사 의뢰 시 이런 부분을 난감해 하는 디자이너라면 다시 생각해 보는 게 좋다. 한 가지 덧붙이자면, 가구나 커튼, 패브릭 종류는 기성품을 구매하는 것보다 디자인에 맞춰 별도로 제작하는 쪽을 추천한다. 완성도를 높일 수 있다는 점 외에도 다양한 이점이 있다. 일단 기성품 가구보다 내구성에서 앞선다. 침대나 소파는 특히 더하다. 일반 가정에서 흔히 쓰는 가구는 버텨내지 못한다. 커튼이나 블라인드도 기성품의 컬러나 재질만으론 디자인에 맞추기 어렵다. 가장 큰 장점은 남들이 함부로 따라 하지 못한다는 점이다. 장사가 제법 잘 된다고 소문이 나면 후발주자들은 기를 쓰고 인테리어를 베낀다. 지나친 장사샘이 원인이다. 기성품은 무슨 수를 써서라도 반드시 찾아낸다. 하지만 인테리어 디자인에 맞춰 따로 제작한 가구나 패브릭, 소품 등은 쉽게 넘보지 못한다.

수익형 펜션 인테리어의 트렌드 정리

요즘 펜션 시장 현황 자료를 업데이트하면서 느끼는 가장 큰 변화는 펜션 건축과 인테리어의 트렌드 변화다. 기존의 클래식, 로맨틱 콘셉트에서 화이트 톤을 기본으로 한 모던 스타일이 대세로 자리 잡은 지 오래다. 꽤 오랜 기간 큰 변화가 없었던 터라 체감되는 변화의 폭은 매우 크다. 그럼, 지금까지 수익형 펜션에는 어떤 인테리어 콘셉트가 쓰여왔는지 한번 정리해 보겠다. 여기서는 대략 3가지 큰 유형으로 나누어서 각각의 특징과 의미를 짚어보도록 하겠다.

유형	범주
클래식	클래식, 앤티크, 로맨틱, 엘레강스 등
프로방스	프로방스, 빈티지, 컨트리, 러스틱, 쉐비, 레트로 등
모던	모던, 미니멀, 네오모던, 바우하우스, 인더스트리얼 등

솔직히 펜션 건축과 인테리어는 트렌드를 정확히 구분 지을 수 있는 기준조차 불분명하다. 펜션뿐만 아니라 나머지 분야에서도 마찬가지다. 인테리어는 특히 더하다. 디자이너의 취향과 안목에 따라서도 제각각이지만 완성된 공간 자체를 한 가지 인테리어 유형으로 특정 짓기란 사실상 불가능하다. 지역별 펜션 데이터를 만들면서 인테리어를 '상, 중, 하'로 등급만 나눈 이유다. 그나마 상급으로 분류할 수 있는 펜션은 지역을 통틀어 5% 미만이며, '하'로 분류되는 7~80% 정도는 솔직히 인테리어 디자인이라고 부르기에도 민망할 정도다.

1 클래식 트렌드

우리가 가장 흔히 보는 펜션 인테리어 스타일이 클래식 트렌드라고 이해하면 간단하다. 최근에는 모던 스타일이 대세라곤 하나 아직도 상당수 신축 펜션들이 클래식 기반의 인테리어를 사용하고 있다. 클래식 트렌드 유형 중 펜션에서 가장 많이 볼 수 있는 스타일은 로맨틱 또는 '러블리' 디자인이다. 벽체 마감은 벽지나 페인팅이 기본이며 목재를 이용한 루바^{루버: Louver}로 포인트를 주기도 한다. 러블리 디자인은 기본 마감에 핑크나 레드, 옐로 톤의 색상도 많이 쓴다. 카펫이나 러그, 러너 등의 패브릭과 아기자기한 소품 위주로 꾸며진 대부분의 커플 펜션이 여기에 해당한다. 요즘엔 흔히 쓰지 않는 스타일들이다.

클래식 트렌드는 가장 흔한 반면에 디자인 난이도는 상대적으로 높은 편이다. 기본 마감 수준 이상의 결과를 얻어내려면 숙련된 디자이너에 의한 통일성 있는 시공이 필요하다. 벽체와 바닥 마감, 조명과 가구, 집기 비품의 조화가 핵심이며 패브릭의 선택에 따라 완성도 역시 큰 차이가 난다. 보통은 기본 마감을 마친 후에 건축주가 알아서 꾸미는 경우가 많다. 클래식 트렌드의 가장 큰 단점은 낮은 천정고로 인한 한정적인 조명의 선택이다. 일반적인 건축에선 벽체 마감의 편리함을 이유로 객실의 천정고를 2.4미터 내외로 만든다. 이 때문에 실링라이트^{천장등}나 매립등, 벽등 정도가 조명의 전부를 차지한다. 건축 비용이나 시공 편의를 고려하면 이해가 가는 측면도 있지만 수익형 펜션의 입장에선 분명 아쉬운 부분이다.

앤티크 스타일은 디자인 난이도가 가장 높다. 대체로 고풍스러운 가구나 고전적인 분위기만을 떠올리는 경향이 있는데, 웬만한 수준의 디자인이나 비용만으론 어림도 없다. 앤티크 스타일을 살리기 위한 자재나 소품의 단가는 상상을 초월한다. 실제로 국내 펜션들 중에 앤티크 스타일은 거의 없다고 봐도 무방하다. 합리적인 창업 비용을 생각하면 섣불리 덤벼들기엔 무리가 있다.

클래식 트렌드의 가장 큰 장점은 비교적 호불호가 적게 갈린다는 점이다. 가장 무난한 스타일이기 때문이다. 하지만 역설적으로 소비자들의 관심을 끌기엔 부족한 면이 많다. 최근의 수익형 펜션 인테리어가 달라진 원인도 클래식 트렌드의 진부함 덕분이다. 더불어 소비자들이 느끼는 식상함 때문에 펜션 인테리어는 모던 트렌드로 빠르게 변하고 있다.

2 프로방스 트렌드

프로방스 트렌드 범주에는 워낙 다양한 디자인이 포함된다. 우리가 흔히 아는 보통의 프로방스 디자인 외에도 빈티지, 컨트리, 러스틱, 쉐비 등 수없이 많은 스타일이 있다. 자연 친화적인 자재와 다듬지 않은 낡은 느낌의 소재들을 사용하는 대부분의 펜션 인테리어를 프로방스라고 보면 된다. 그만큼 적용 범위가 넓다는 의미로도 해석될 수 있다. 특히 바닷가나 강변에 위치한 신축 펜션에 활용하면 매우 효과적이다. 거친 회벽 느낌의 스타코 플렉스 외장과 스페니시 기와 등을 사용한

산토리니 풍의 건축 디자인에 아주 잘 어울린다.

　최근에는 다양한 형태와 질감의 자재들이 많이 등장해 선택의 폭도 다양해졌고, 조명이나 소품 종류도 점점 더 늘어나는 추세다. 참고할 만한 사례들도 어렵지 않게 찾을 수 있다. 그럼에도 불구하고 펜션 인테리어에서는 좀처럼 찾아보기 힘든 디자인 트렌드다. 지역의 수많은 펜션들 중에 한 손에 꼽기에도 부족할 정도다. 손이 많이 가는 디자인을 기피하고 단순 마감 위주로만 이어져 온 탓에 프로방스 스타일은 좀처럼 찾아보기 힘들다. 건축주들 입장에서 선뜻 동의할 수 있는 기준이 없다는 사실도 한몫한다. 눈에 띄게 장사가 잘 되는 곳도 거의 없다는 점이 프로방스 트렌드의 확산을 막고 있는 원인이다. 심정적으로는 이해가 되지만, 수익형 펜션 창업의 핵심이 차별화라는 사실을 생각해

보면 시각을 달리해 볼 필요도 있다. 잘 만든 프로방스 트렌드의 펜션 인테리어는 어설픈 풀 빌라 급 펜션들보다 경쟁력 면에서 훨씬 앞선다.

프로방스뿐만 아니라 빈티지, 쉐비, 러스틱 등의 디자인은 벽체나 바닥 마감 외에도 다양한 오브제와 분위기에 맞는 가구 등의 배치가 핵심이다. 경험 있는 디자이너의 잘 다듬어진 코디네이션 역량이 필요하다.

3 모던 트렌드

모던 트렌드는 최근에 신축된 대부분의 펜션에 적용되고 있는 디자인 콘셉트다. 모던 트렌드도 워낙 범위가 넓어서 디자인을 특정 짓기가 어렵다. 꽤 오랫동안 클래식 트렌드 위주로 이어져 오던 펜션 인테리어가 모던 트렌드로 빠르게 변화하게 된 계기는 풀 빌라 펜션의 확산이

다. 전원주택 스타일에서 미니멀 모던 건축 형태의 풀 빌라 펜션이 늘어나면서 인테리어 경향도 바뀐다. 로맨틱, 러블리 스타일은 촌스럽게 여겨지게 되고, 화이트 풍의 모던 인테리어가 점점 자리를 잡게 되었다. 물론 그에 따른 문제점도 많지만, 여기서는 자세한 설명을 생략하겠다.

모던 트렌드가 클래식과 특별히 다른 점은 색상의 활용이다. 클래식도 많은 색을 사용하진 않는다. 로맨틱이나 러블리 콘셉트 정도가 그나마 색을 많이 쓰는 편이지만 다분히 한정적이다. 모던 인테리어는 그보다 훨씬 더 제한적이다. 화이트나 그레이가 기본이며 가끔 포인트가 되는 원색 계열의 자재를 포인트로 쓴다. 그나마 톤을 많이 낮춰 쓰기 때문에 강한 인상을 주진 못한다. 가구 디자인이나 조명도 비교적 단순한 형태를 택한다. 전체적으로 깔끔하고 아주 잘 정리된 느낌을 준다는 점이 가장 큰 특징이다.

미니멀 모던 계열 외에 인더스트리얼 콘셉트도 많이 쓰인다. 펜션에서는 아직 흔하게 볼 순 없지만, 우리 주변의 꽤 많은 상업 공간들이 예전에는 좀처럼 보지 못했던 다양한 형태의 인더스트리얼 인테리어로 꾸며지고 있다. 노출 콘크리트 천정은 물론이며, 벽체 마감도 고흥 벽돌 타일이나 우레탄 코팅 등의 거친 질감의 자재들을 많이 쓴다.

펜션도 주거라는 고정관념에서만 벗어나면 활용할 수 있는 디자인 사례가 무궁무진하다. 화물 적재용 팔레트로 가구나 침대를 만드는 방법도 있고, 커피 마대를 벽지처럼 쓸 수도 있다. 다양한 종류의 철물도 부담 없이 사용할 수 있기 때문에 인더스트리얼 콘셉트는 차별화라는 펜션 인테리어에 잘 어울린다.

사실 펜션 인테리어를 몇 개의 유형과 범주로 묶는 건 현실적이지 않다. 한옥을 현대적인 인테리어로 꾸미는 경우 정도를 제외하면 어떤 형태의 건축물이던 다양한 인테리어 트렌드를 적용시키는 데 큰 무리는 없다. 전원주택 스타일의 건물을 미니멀 모던 트렌드로 꾸민다고 크게 어색하진 않다. 반대의 경우도 마찬가지다. 오히려 잘 지은 풀 빌라 펜션에 프로방스 콘셉트를 볼 수 없다는 사실이 아쉬울 따름이다.

인테리어의 트렌드가 중요한 게 아니다. 고객의 관심을 끌어 판매율을 높일 수만 있다면 무슨 짓을 하든 상관없다. 보다 진취적인 사고와 적극적인 노력으로 자신의 상품을 돋보일 수 있는 디자인을 찾으면 된다. 수익형 펜션 인테리어는 보통의 주택을 시공하는 회사들보다는 상업 시설을 전문으로 다루는 디자이너나 업체들에 맡기는 쪽이 좋다. 돈을 버는 시설을 꾸민다는 목적에도 잘 어울리고, 훨씬 더 다채로운 객실을 꾸밀 수 있기 때문이다.

CHAPTER 04

수익형 펜션 창업의
운영 전략

15

효율적인
판매 전략 세우기

판매 전략의 핵심   Check / Point

• 합리적인 가격과 입실 인원에 대한 기준 마련

• 객실 단가보다는 예약률에 집중

• 안정적인 서비스와 관리 시스템 확보

아무리 바빠도 바늘 허리에 실을 매어 쓰진 못한다. 장사도 마찬가지다. 가게만 꾸몄다고 모든 일이 끝나는 게 아니다. 메뉴도 짜야 하고 팔아야 할 물건도 들여놔야 비로소 장사를 시작할 수 있다. 펜션도 예외는 아니다. 건축과 인테리어 공사가 마무리될 때쯤부터 해야 할 일들은 산더미다. 제일 먼저 객실별로 집기 비품부터 정리해야 한다. 가구나 전자제품의 설치뿐만 아니라 그릇이나 냄비 등 자잘한 집기를 방별로 나누고 정리하는 일은 꽤나 성가시다. 하지만, 이런 일들이 장사 준비의 전부는 아니다. 더욱 더 구체적인 판매 전략이 필요하다.

적정한 가격과 합리적인 인원 기준은
효율적인 객실 판매의 첫 걸음이다.

사고파는 행위는 가격을 매개로 이루어진다. 많이 팔거나 적게 파는 차이도 대부분 가격이 원인이다. 가격은 내 맘대로 정하는 게 아니다. 시장과 소비자가 인정하는 합리적인 가격만이 가치를 가진다. 이따금 적정 가격 이상으로 불티나게 팔리는 상품들도 있지만 어느 순간 소리 소문도 없이 사라지고 만다. 그래서 '적정한 가격을' 매기는 일은 언제나 쉽지 않다. 제조원가나 유통비용만을 따지기도 어렵다. 품질이 좋다는 이유로 비싼 값을 받기도 어렵지만, 싼 맛에 많이 팔리지도 않는다. 괜한 욕심에 슬그머니 가격을 올리는 순간, 잘 팔리던 제품도 쥐도 새도 모르게 자취를 감춘다. 아주 미세한 가격의 차이도 시장과 소비자는 귀신같이 잡아낸다.

이미 앞에서 펜션의 객실 요금은 면적을 기준으로 정해진다고 설명했다. 다른 의견들도 분분하겠지만 결코 부인할 수 없는 사실이다. 펜션의 형태나 서비스 시설이 다양해진 이유도 결국은 가격 때문이다. 하지만 사람의 욕심은 한없다. 홈페이지에 적혀있는 객실 면적은 베란다나 복도, 계단 등의 공용 면적을 모두 합한 크기다. 실제보다 부풀려진 경우도 흔하다. 단돈 만 원이라도 더 받고 싶다는 욕심이 더해진 탓이다. 면적을 억지로 우기는 일에도 한계가 생기면서 나온 대안이 복층이나 월풀, 스파 같은 나름의 대책들이다.

판매 전략의 출발은 적정한 객실 요금과 입실 인원의 기준을 정하는 일에서 시작한다. 가격은 이해가 되는데, 입실 인원이란 말은 쉽게 이해가 안 갈지도 모르겠다. 방 장사라는 점에서 펜션과 모텔은 닮은 구석이 많지만 펜션에는 대실貸室이라는 개념이 없다. 펜션이 고객에게 받는 돈은 숙박료와 바비큐 비용 등이 거의 전부다. 간혹 스파나 객실에 딸린 실내 풀Pool에 온수를 채워주는 비용을 따로 받는 집들도 있지만, 제 살 깎아 먹는 짓과 다름없다. 숙박료와 바비큐 비용을 제외하고 따로 받을 수 있는 요금이 바로 추가 인원에 대한 입실료다.

지금까지 펜션들은 입실 인원에 대한 엄격한 기준은 고사하고 득실조차 따져본 적이 별로 없다. 방 크기와는 무관하게 정해질 때도 많다. 그저 몇 푼 더 받을 욕심에 적당히 기준을 만들어 왔다. 그나마 정해진 입실 인원을 정확하게 지키는 경우도 드물다. 굳이 한 사람이라도 더 들어가겠다는 손님들의 억지를 못 이기는 척 받아주는 때도 많다. 서로 긴말 섞을 필요 없이 인원 추가에 대한 비용만 지불하면 딱히 문제 삼지 않겠다는 태도다. 기준 인원과 추가 인원이라는 이상한 구분이 자리 잡게 된 배경이다. 지금까지 관행처럼 이어져 왔던 일을 다시 끄집어낸 이유는 서비스와 관리에 미치는 영향 때문이다.

펜션의 서비스를 손님을 태우러 가는 픽업Pickup이나 바비큐, 조식 정도로만 여기는 경우들이 많다. 하지만 보다 넓은 의미에서 보면 고객이 입실한 후 퇴실할 때까지의 모든 과정들이 서비스에 해당한다. 호텔을 떠올려 보면 금세 이해할 수 있다. 로비에 도착해서 체크인한 후 호텔을 떠날 때까지 아무런 불편함 없는 세심한 서비스를 제공받는다. 서비스의 질이 호텔의 등급을 좌우한다고 봐도 무방하다. 펜션은 어떨까? 호텔만큼은 아니지만 근본적인 개념은 똑같다. 그런데, 기준 인원 외에 추가 인원을 받게 되면 서비스의 질은 당연히 떨어진다. 보통 침대나 식탁, 나머지 모든 가구나 집기 비품의 크기나 숫자는 기준 인원에 맞춰진다. 그래서 추가 인원은 옹색하게 바닥에 누워 잠을 청해야 한다. 식사를 할 때도 식탁 모서리에 엉거주춤 끼어 앉을 수밖에 없다. 어쩔 수 없는 자신들의 선택이었다고는 해도 서비스 면에선 결코 후한 점수를 줄 수 없는 상황이 벌어진다.

관리적인 면에서도 효율은 크게 떨어진다. 추가 인원에 맞춰 침구를 올리고 내리는 일은 생각 외로 힘들다. 청소와 빨래도 덩달아 늘어난다. 펜션의 여러 테마 중에 단체는 될 수 있으면 피하는 게 좋다고 얘기하는 가장 큰 이유다. 단체 펜션 중에 입실 인원에 대한 기준이 정확하게 지켜지는 곳은 거의 없다. 추가 요금의 문제가 아니다. 10명분 요금을 지불한 방에 밤새도록 2~30명이 드나드는 일은 다반사다. 밤새워 지켜도 소용이 없다. 단체 펜션은 기준 인원과 추가 인원의 구분 자체가 아무 의미 없다.

수익형 펜션은 기획 설계 단계부터 가구를 포함한 객실의 모든 세팅을 최대 인원에 맞춘다. 추가 인원의 입실에 따른 서비스나 관리의 부담을 줄이기 위한 목적이다. 대신 예외인 경우가 있다. 커플 펜션은 웬만하면 추가 인원을 받지 않는다. 객실의 세팅은 당연히 2인 기준이다. 대신 어린 자녀를 동반한 손님들을 고려해 한두 개 정도의 3인실을 따로 만든다. 가족 펜션은 추가 인원에 좀 더 여유를 주는 편이지만 인원수는 짝수로 제한한다. 기준 4인에 추가 1인 같은 홀수 인원을 만들지 않는다는 소리다. 관리 차원의 효율을 생각하면 홀수는 객실 세팅이 너무 복잡해진다.

**소비자들의 심리적 가격 방어선을
가볍게 여겨선 안 된다.**

입실 인원이 정해지면 사전에 정해둔 객실 요금을 다시 한번 검토해야 한다. 공사의 성과를 요금에 반영시키는 한편, 새로운 시장 조사를 통해 현실적인 요금을 찾아내야 한다. 펜션 자체가 빠르게 움직이는 시장은 아니지만 기획 설계 단계부터 완성까지 걸리는 1년이란 시간을 생각하면 반드시 거쳐야 할 과정이다. 지역에서 운영되고 있는 수익형 펜션들의 객실 요금을 추려 자신이 정한 요금과 비교해 볼 필요도 있다. 쓸데없는 욕심만 버린다면 경쟁력 있는 가격을 쉽게 찾을 수 있다. 객실 요금은 막무가내로 정해선 안 된다. 나름의 기준이 있다.

구분	책정방식	비고
Case 1 일반 객실의 가격책정	면적 X 1만원	공용면적 포함
Case 2 복층 객실의 가격책정	일반 객실 가격 + (복층면적 X 1만원)	복층층고에 따라 다름
Case 3 객실 + 서비스 시설	일반 객실 가격 X 130%	월풀 +30% / 스파 +40%
공통사항	인원추가 - 2만원/인당, 침구추가 - 1만원, 바비큐 기본 비용 2만원	

같은 크기의 객실도 복층이 추가되면 더해진 면적만큼 가격이 올라 간다. 단, 복층의 층고에 따라 차이가 생긴다. 허리도 못 펼 빠듯한 높 이라면 늘어난 면적만큼 가격을 전부 다 받긴 어렵다. 월풀이나 스파도 가격에 영향을 미친다. 기본 가격에 30~40% 정도 높여 받는 것이 일반 적이다. 이 정도가 지금까지 이어져 내려온 통상적인 펜션의 객실 요금 체계다. 추가적인 요금들도 있다. 보통 인원이 추가되면 1인당 2만 원, 침구 추가는 1만 원의 비용을 따로 받는다. 바비큐는 기본 2만 원 선이 며, 이용하는 인원이나 대여해 주는 기구의 사양에 따라 차이가 난다. 물론 공식적으로 정해진 금액은 아니다. 복잡해 보여도 찬찬히 들여다 보면 매우 단순한 구조다. 하지만 이 간단한 기준을 무시한 가격 책정 은 흔하게 벌어진다. 펜션의 모든 영업적인 문제는 대부분 여기서 출발 한다.

'시세時勢'란 말을 우습게 여겨선 안 된다. 시장에 형성되어 있는 적정 가격의 의미를 되새겨 보자. 소비자들의 심리적 가격 방어선은 시세에 대단히 민감하다. 펜션도 예외는 아니다. 고객들의 눈높이는 무척 엄격하다. 펜션을 만들기 위해 들어간 비용이나 노력과는 별개다. 풀 빌라 펜션의 매출이 저마다 들쑥날쑥한 이유도 소비자들의 심리적 가격 방어선을 너무 쉽게 본 결과다. 적정 가격을 지켜야 판매가 수월해진다. 하지만 열에 아홉은 적정선을 지키지 못하는 실수를 저지른다. 대부분 실패의 쓴맛을 본 다음엔 제자리로 돌아오지만, 한번 넘어간 선을 쉽게 포기하지 못하는 이들도 많다.

단가를 높인다고 매출이 높아지는 것도 아니다. 판매 자체가 늘어나야 한다. 턱없이 높은 가격은 아랑곳하지 않은 채 장사가 안된다고 울상 짓지는 말아야 한다. 좀 더 객관적인 시각으로 나와 경쟁 펜션을 냉정하게 비교해보자. 상대편보다 높은 가격을 받을 수 있는지 스스로에게 되물어보자. 터무니없는 가격이 아닌지 진지하게 고민해야 한다. 가격을 놓고 자존심을 저울질하는 바보짓은 금물이다. 상대가 나보다 장사가 잘 되는 이유를 '단지 싸서 그렇다'라고 치부해버리는 한심한 일이 반복되는 한 당신의 수익은 조금도 늘지 않는다

16

가격과
매출의 관리에 힘쓰자

가격과 매출의 관리 원칙

Check Point

• 가격은 섣불리 건드리지 말자.

• 매출의 증진이 아닌 예약률의 방어가 핵심이다.

• 수입과 지출의 균형을 맞추자.

원래 펜션은 주말과 여름 성수기 매출만으로도 상당한 수입을 얻을 수 있는 사업이었다. 그럼 지금은? 쉽지 않다. 앞서 '~이었다'라는 과거형을 쓴 이유다. 광고비용은 천정부지로 뛰었고, 예약 대행사에 목을 매는 펜션들이 점점 늘어나고 있다. 자신이 운영하던 펜션을 물려주고 싶어도 채산성이 워낙 떨어져 자식들도 선뜻 물려받길 꺼린다. 심지어 양도세나 상속세를 내지 못해 경매로 넘어가는 펜션들도 부지기수다. 다들 겉으로 내색하지 않을 뿐이다. 멋모르고 다음 순번을 기다리는 예비 창업자들만 이런 사실들을 모른다. 자세히 알려줘도 굳이 외면하거나 애써 덤덤한 척할 뿐이다.

'혼자 당하는 난리가 난리지, 여럿이 당하는 난리는 난리도 아니다'
라는 어릴 적 어른들의 푸념도 비슷한 맥락이다. 너도나도 힘들다고 아
우성을 치면 왠지 모를 안도감을 느낀다. 나에게만 닥친 불행이 아니라
는 위안도 받는다. 미안하지만 모두 다 틀린 생각이다. 난리는 그 자체
로 난리가 맞다. 잘못된 일은 잘못한 결과일 뿐 결코 운이 없어서가 아
니다. 실수였다는 핑계는 대지 말자. 애당초 잘 짜인 계획 없이 무작정
덤벼들었던 탓이다. 얄팍해진 주머니를 푸념할 겨를이 없다. 근본적인
원인을 찾아 문제를 해결해야 한다. 여럿이 어울려 어쭙잖은 위로만 주
고받을 일이 아니다. 그나마 다행인 점은 펜션의 매출과 영업이 부진한
원인은 그리 복잡하지 않다는 사실이다.

황금알을 낳는 거위의 배는 함부로 가르지 마라.
뼈저린 후회만 남는다.

힘들게 펜션 하나가 문을 열고 나면 도저히 납득할 수 없는 일이 거
의 매번 반복되곤 한다. 불과 몇 달 지나지 않아, 서로가 머리를 싸맨
채 합의했던 객실 요금은 슬그머니 자취를 감추고 엉뚱한 가격표가 올
라온다. 화들짝 놀라 전화를 걸면 되돌아오는 대답은 한결같다. "장사
가 이만큼 잘 되는데 가격 좀 올리면 안 되나요?"라고 되묻거나 "주변

에서 다들 너무 싸다고 그런다!"라는 애먼 투정이 나온다. 지금껏 만나서 함께 일했던 펜션 주인들 중에 십중팔구다. 거위가 낳아주는 황금알이 부족하다고 느끼는 건지, 들어간 돈이 아까워서인지는 몰라도 항상 되풀이되는 악순환이다. 솔직히 이 부분만큼은 대책이 없다. 스스로 깨닫기 전엔 백약이 무효다.

장사가 잘 되는 집들만 해당되는 일이 아니다. 매출이 오르지 않아 속을 태우던 집들도 어느 순간 난데없이 가격을 올린다. 어차피 손님도 없는데 남들 벌 때 나도 좀 같이 벌어보자는 심보다. 주로 비수기 요금은 내버려 둔 채 주말이나 성수기 요금만 제법 큰 폭으로 올린다. 안면도나 강화도같이 예전엔 제법 장사가 잘 되다가 지금은 한풀 꺾인 지역에서 흔히 벌어지는 현상이다. 4~5만 원에 불과한 비수기 요금의 5~6배에 달하는 높은 성수기 요금으로 여름 한철만 노리는 그릇된 장사셈이다. 얼마를 벌든 가격은 함부로 건드리면 안 된다. 매출이 떨어지는 원인을 가격이라고 생각하면 곤란하다. 보다 더 근본적인 원인은 경쟁력의 저하다.

적정한 시점에 문을 연 대부분의 신축 펜션들은 첫해 여름 성수기에 제법 짭짤한 매출을 올린다. 신축 펜션이라는 이점은 생각 외로 크다. 대부분 첫해 여름은 정신없이 사람이 몰린다. 착각은 이 시점부터 시작된다. 비싼 성수기 요금에도 불구하고 손님이 몰리니 왠지 모를 자신감이 생긴다. 휴가철이 끝나고 짧은 비수기를 거치면 연이어 추석 연휴가

다가온다. 다시 손님이 몰리고 막연했던 자신감은 확신으로 변한다. '드디어 가격을 올릴 때가 왔구나!'라고 여긴다. 다들 샴페인을 너무 빨리 터뜨린다.

진정한 의미의 수익형 펜션이란 특정 시점이나 단기간의 매출만으론 부족하다. 땅값을 제외한 초기 투자비용의 상당 부분을 빠르게 회수할 수 있을 정도의 꾸준한 예약률이 뒷받침되어야 한다. 첫해 여름의 작은 성과만으론 판단할 수 없다. 적어도 몇 년간의 평균적인 예약률과 매출을 따져봐야 한다. 섣불리 가격을 올려도 매출은 크게 늘어나지 않는다. 오히려 전만 못한 경우가 대부분이다. 예약은 다소 줄어도 전체적인 매출은 큰 차이가 없으니 손해 볼 건 없다고 여기는 이들도 있다. 일손이 줄었다는 이유다. 천만의 말씀이다. 오히려 득보다 실이 더 많다. 일손도 생각만큼 크게 줄어들지 않는다. 매출보다 중요한 게 전반적인 예약률의 관리다. 같은 매출이라도 눈에 보이는 예약률이 훨씬 더 높은 쪽이 승자다.

펜션의 매출은 한계가 분명하다. 매일같이 객실을 전부 다 팔아도 자신이 가지고 있는 객실 숫자 이상의 매출을 넘어설 순 없다. 장사 시간을 늘리거나 물건을 좀 더 들일 수 있는 다른 장사와 달리 객실을 무한정 늘릴 순 없다. 무턱대고 가격을 올리는 게 되는 배경이다. 여름 한철 매일 방을 다 판 다음에도 끊임없이 빈방을 찾는 전화를 받다 보면 괜한 후회와 왠지 모를 욕심이 치밀어 오른다. 좀 더 규모를 키우지 못한 아쉬움과 가격을 올려야겠다는 욕구가 함께 겹친다. 가격을 올려도 예약은 줄어들지 않을까? 쉽게 장담할 순 없는 문제다. 오히려 그런 일은 없다고 보는 편이 맞다. 찬바람이 불고 빈방이 늘어날 땐 가격을 내릴 것인가? 조삼모사다.

수익형 펜션의 기획 설계 단계에서 실제 매출에 근접하는 결과를 점쳐볼 수 있는 이유도 간단하다. 전체 객실 숫자와 가격, 지역에서 운영되고 있는 수익형 펜션들의 평균적인 예약률을 종합해 보면 실현 가능한 예약률과 예상 매출을 쉽게 뽑을 수 있다. 세금이나 각종 공과금, 고용할 인원에 따라 다소 차이가 날 수도 있지만, 대략적인 지출과 수익을 가늠해 보는 일도 크게 어렵지 않다. 느닷없이 가격을 올리는 어설픈 짓만 피하면 초기 투자비용의 회수 기간도 대략 가늠해 볼 수 있다. 전체적인 투자 비용의 설정도 여기에 따른다. 투자는 회수에 대한 확신이 필요하다. 달성 가능한 매출을 미리 점쳐보고 회수 기간을 앞당길 수 있는 적정 투자가 우선이다. 대다수 풀 빌라 펜션들이 고전하는 이유도 이 부분을 간과한 결과다. 공사 시작 전후로 끊임없는 시장 조사를 권하는 이유다. 막연한 확신은 용기가 아닌 만용에 가깝다.

영광스러운 전진을 계속할 수는 없다.
치열한 방어만이 최선이다.

　다시 한번 '최대예약률도달시점'을 떠올려 보자. 펜션이 문을 열고 일정 시점이 되면 예약률이 정점을 찍는 순간이 온다고 설명했다. 그런데 여기서 말하는 예약률의 정점이란 성수기가 아닌 비수기 주중이 기준이다. 주말이나 성수기엔 다들 어느 정도 돈을 번다. 변별력도 떨어지기 때문에 큰 의미를 둘 필요도 없다. 문제는 비수기 주중이다. 펜션의 수익은 이 기간에 벌어들이는 매출로 판가름난다. 남들 다 벌 때가 아니라 손님이 뜸한 기간에 얼마나 높은 예약률을 유지할 수 있는지가 관건이다. 가격을 함부로 손대지 말아야 할 가장 큰 이유다. 펜션의 우열은 예약률의 차이로 갈린다. 규모나 매출, 손에 쥐는 단기간의 순수익과는 전혀 별개다. 지역을 이끌어가는 리딩Leading 펜션의 지위는 압도적인 예약률이 뒷받침될 때 가능한 자리다. 쏠림 현상 정도는 벌어져야 넘볼 수 있는 위치라는 말이다.

　리딩 펜션이라는 강자의 위치에 서게 되면 웬만한 펜션들은 꿈도 못 꿀 쏠림 현상을 누린다. 지역을 찾는 손님들은 일단 무조건 리딩 펜션을 찾는다. 광고나 할인은 뒷전이다. 원하는 날짜에 방이 없는 예외적인 상황을 빼면 대부분 요지부동이다. 이쯤 되면 순풍에 돛 단 듯 모든 일이 순조롭다. 설령 한두 명 정도 불만을 토로해도 압도적인 명성

앞에 금세 묻힌다. 리딩 펜션의 숨겨진 또 다른 힘이다.

자! 그럼 진지하게 따져보자. 소비자들이 끊임없이 줄을 잇는 이유는 무엇일까? 리딩 펜션에 투자된 비용이나 규모에 열광하는 걸까? 아니면 화려한 인테리어나 값비싼 시설 때문일까? 전혀 아니라고 할 순 없지만 그것만으로는 왠지 부족하다. 가장 큰 이유는 조바심이다. 빈방을 찾기 어려울 정도의 높은 예약률은 강력한 무기다. 자기 일정을 바꾸는 한이 있어도 선뜻 다른 펜션으로 눈길을 돌리지 않는다. 맛집 앞에 장사진을 이룬 사람들을 떠올리면 이해가 빠르다. 결국 매출보다 예약률이 먼저다.

맛집 앞에서 차례를 기다리는 손님들에게 식당의 규모나 인테리어는 대수롭지 않다. 투자 비용이나 마진에도 별 관심 없다. 그저 대박 났다고 여길 뿐이다. 심지어 맛에 대한 평가도 뒷전이다. 그들의 관심사는 온통 다른 데 쏠려 있다. 맛집을 경험했다는 만족감뿐이다. 뙤약볕 아래 긴 줄을 서는 수고로움조차 나만 접해보지 못했다는 조바심과 한껏 부푼 기대감으로 기꺼이 참아낸다. 마치 성지순례 같다. 리딩 펜션도 같은 원리다. 예약에 대한 조바심과 기대가 리딩 펜션의 지위를 유지시키는 원동력이다. 리딩 펜션이 지역의 다른 모든 펜션들보다 객관적으로 훨씬 더 좋을까? 반드시 그렇지도 않다. 리딩 펜션 못지않은 고급 펜션들의 낮은 예약률은 놀라울 때가 많다. 그 이유가 무엇인지 곰곰이 생각해 볼 필요가 있다.

절대 자잘한 이익에 연연하지 말자.
펜션 사업은 긴 호흡으로 끌고 나가야 한다.

첫해 여름이 지나고 곧바로 찾아오는 추석 연휴까지 영업을 마치고 나면 예약률을 좀 더 끌어올릴 궁리를 해야 한다. 가격을 올려볼까 하는 어설픈 생각 따위 버려야 한다. 상승세를 이어갈 방법을 찾아야 한다. 비수기 예약률이 정점을 찍을 때까지 고삐를 늦춰선 안 된다. 주변의 경쟁자들이 감히 넘볼 수 없도록 강하게 밀어붙여야 한다.

자잘한 잡수익에 연연하지 말고 서비스의 질을 높이자. 바비큐나 추가 인원으로 생기는 잡수익을 매출이라고 생각하면 곤란하다. 고객들을 위한 서비스 비용쯤으로 여겨야 한다. 짧은 기간 동안 제기된 고객들의 불만 사항도 지체 없이 시정해야 한다. 성수기에 주로 발생하는 침구나 수건 등의 소소한 관리 문제는 물론이며, 미처 손쓸 틈 없어 미뤄두었던 서비스도 발 빠르게 제공해야 한다. 문을 열기 전에 미처 생각지 못했던 문제들도 재빨리 해결해야 한다. 예약 대행과 광고 대행사와의 긴밀한 협의도 필요하다. 판매 채널을 늘리고, 광고 집행도 세심하게 관리해야 한다.

방문 고객들을 대상으로 한 적절한 이벤트도 필요하다. 이용자들이 자발적으로 올려주는 블로그나 온라인상의 좋은 평판은 돈을 내는 광고보다 파괴력이 훨씬 크다. 고객과의 직접적인 응대도 중요하다. 주인 스스로가 일에 얽매이는 순간, 펜션에 대한 고객들의 호의적인 이미지는 날아가 버린다. 적절한 인원의 선발과 유지가 중요한 이유다. 수익형 펜션 수준의 예약률 없이는 꿈도 꿀 수 없는 일들이다. 지속적인 예약률의 관리가 펜션 사업의 성패를 가르는 핵심이다.

수익형 펜션의 매출 관리는 결코 쉽지 않다. 판매와 서비스, 관리의 세 축이 복잡하게 얽혀있다. 원활한 판매는 효율적인 서비스가 뒷받침 되어야 한다. 효율적인 서비스도 체계적인 관리 없이는 불가능한 일이다. 체계적인 관리마저도 높은 매출 없이는 불가능하다. 이 모순적인 상황에서 벗어나려면 끊임없이 밀어붙여야 한다. 섣불리 동력을 꺼뜨리는 우를 범하지 말자. 사소한 이익에 연연해서는 힘들다. 긴 호흡으로 끌고 나가야 한다. 마지막까지 살아남은 자가 웃을 수 있다.

홍보?
언제나 나의 몫!

원활한 판매를 위한 홍보 방안 Check / Point

- 최상의 효과를 얻을 수 있는 홈페이지 제작
- 믿을 수 있는 광고 대행사와 예약 대행사의 선정
- 자신만의 고유한 브랜드 이미지 확보

가만히 넋 놓고 앉아서 마냥 손님을 기다릴 순 없다. 고함을 지르든 손뼉을 치든 사람들의 눈에 띄어야 흥정이라도 해 볼 수 있다. 요즘엔 이런 방식으로 장사를 하는 가게는 없다. 오히려 사람들을 끌어모을 수 있는 수단이 너무 많아서 문제다. 전통적인 광고 매체들은 물론이며, 온라인과 SNS를 통해 쉴 틈 없이 쏟아지는 홍보성 콘텐츠에 소비자들은 피로감마저 느낀다. 서글프게도 펜션만 예외다. 펜션은 홈페이지를 기반으로 한 제한적인 온라인 광고 외엔 마땅한 홍보 수단이 없다. SNS를 통한 바이럴 마케팅의 효과도 미미하다. 어차피 모든 자영업이 가지는 공통된 문제이긴 하지만, 펜션 시장의 규모를 생각하면 무척 아쉽다.

당신의 노력과 돈이 헛되이 사라지길 바라지 않는다면,
제발! 홈페이지 제작 비용만큼은 아끼지 말자.

펜션 홈페이지는 온라인에 올리는 단순한 겉치레가 아니다. 예약을 받기 위한 단순한 도구쯤으로 여겨서는 더더욱 곤란하다. 현실에 존재하는 펜션 그 자체보다 훨씬 더 중요하다. 당신이 공들여 만든 펜션을 소개할 수 있는 유일한 수단이자 통로다. 펜션의 완성도를 직접 눈으로 확인하긴 어렵다. 소비자들은 온라인이라는 가상의 공간을 통해 펜션을 바라본다. 평가의 호불호에 따라 매출도 달라진다. 모텔처럼 막무가내로 방을 잡는 게 아니다. 호텔처럼 공인된 등급이나 유명세로 장사할 수도 없다. 펜션이라는 자신의 상품을 알릴 수 있는 유일한 수단이라는 사실을 이해한다면 홈페이지를 허투루 대해선 안 된다.

대체로 펜션이 완성될 무렵 홈페이지 제작 견적을 알아본다. 견적은 업체마다 차이가 크다. 업체의 연혁이나 제작 능력에 따라 가격도 천차만별인데, 비용이 저렴하다고 덜컥 계약부터 해선 곤란하다. 업체의 포트폴리오를 유심히 살피고 업계 평판도 자세히 알아봐야 한다. 물론 쉬운 일은 아니지만, 광고 대행사나 예약 대행사를 통해 홈페이지 제작업체들을 수소문해보면 대략적인 사정쯤은 어렵지 않게 파악할 수 있다. 예전에는 PC용 홈페이지와 모바일 홈페이지를 따로 만들었다. 하지만 요즘은 반응형 웹의 등장으로 인해 굳이 모바일 홈페이지를 따로 둘 필요는 없어졌다. PC나 태블릿, 스마트폰 등 다양한 사용자 환경[UI]에 자동으로 맞춰지기 때문이다.

갈 길 바쁜 고객들의 시선을 단숨에 사로잡을 수 있어야 잘 만든 홈페이지다. 고객의 눈길을 끌 수 있는 가장 좋은 방법은 홈페이지에 들어갈 사진이다. 그저 보기 좋게 찍은 사진을 이야기하는 게 아니다. 내가 만든 펜션의 장점은 최대한 부각시키고, 단점이나 감추고 싶은 부분은 최대한 가리는 영리한 기획과 촬영이 필요하다. 홈페이지 제작 업체에 대한 평가나 제작비의 차이는 이 부분에서 갈린다. 수익형 펜션

을 만들 땐 실내 인테리어의 기획 단계부터 홈페이지를 염두에 둔 디자인을 뽑는다. 좀 더 신경을 쓰면 홈페이지 제작업체를 미리 선정해 내장 공사가 시작되는 시점부터 서로 협의해나가기도 한다.

사진작가의 경력이나 촬영 기간에 따라 홈페이지 제작 단가도 달라진다. 표준 디자인을 두루 돌려쓰는 저가형 제작 방식은 촬영 시간도 짧고 분량도 매우 적다. 대략 200만 원 내외의 값싼 비용으로도 제작이 가능하다. 이와 달리 각자가 원하는 디자인에 맞춰 별도로 제작되는 '주문형 홈페이지'도 있다. 보통 객실 10개를 기준으로 대략 8~900만 원 선의 제작 비용이 든다. 객실이 좀 더 많은 경우엔 훨씬 비싸진다. 그래도 아끼지 말아야 한다. 집 짓는 일엔 주저 없이 돈을 쓰면서도 홈페이지 제작엔 유난히 인색하게 구는 사람들이 많다. 혹시 제작비가 비싸다고 여겨진다면, 눈에 띄지도 않는 건물 뒷면을 꾸미는 데 들인 공사비와 견주어 보자. 푼 돈에 불과해 보인다. 펜션의 가치는 홈페이지의 완성도에 따라 달라진다. 돈값을 톡톡히 할 때도 있지만 제값을 못하는 경우도 많다는 점에 유의하자.

신뢰할 수 있는 대행사를 찾자!
수익형 펜션을 만드는 일에 큰 힘이 된다.

보통 촬영이 끝나고 일주일 정도면 임시 홈페이지를 웹^{Web}에 띄워준다. 이때부터 본격적인 펜션 홍보에 나서야 한다. 온라인 광고나 오픈마켓에 상품을 판매하는 일은 직접 할 수도 있지만 대부분 대행사를 통한다. 업무의 전문성과 관리 자체가 벅차기 때문이다. 그래서 믿을 수 있는 대행사를 찾는 일은 아주 중요하다. 대행사 선정은 광고 대행과 예약 대행으로 나뉜다. 광고 대행은 말 그대로 온라인 광고를 도맡아 진행해주는 일이며, 예약 대행은 객실 판매와 자체적인 네트워크를 통한 오픈마켓의 입점과 판매 대행이라고 이해하면 된다. 대표적인 예약 대행사가 '떠나요닷컴', '우리펜션', '야놀자펜션' 등이다.

광고 대행사는 온라인 대형 포털을 통한 키워드 광고를 관리해주는 일을 주로 한다. 온라인 광고는 PC와 모바일로 구분되는데, 각 포털사이트마다 광고 방식과 형태가 조금씩 다르다. 광고 대행사는 이런 복잡한 광고 업무를 대신 처리해주는 일과 검색량 높은 관련 키워드를 뽑아 광고비용을 조절해주는 일을 함께한다. 키워드 광고도 많은 변화를 거쳐 최근에는 미리 설정해둔 한도 내에서만 광고비가 지출되는 기능과 지역을 따로 지정해 광고를 노출 시키는 일까지 가능해졌다. 믿을 수 있는 광고 대행사는 이런 세세한 부분들까지 빠뜨리지 않는다.

요즘은 예약 대행사도 선택이 아닌 필수가 되었다. 예약 대행사가 등장했던 초기만 해도 개인적으론 대단히 부정적이었다. 자신이 만든 펜션의 브랜드 이미지만으로 매출을 만들 수 있어야 한다는 믿음 때문이었다. 소셜 커머스나 예약 대행사는 수수료 비싼 대형 유통업체와 별반 다를 게 없다. 자체 생산품 없이 남들이 만든 상품으로 돈을 버는 유통업체들과 동일한 구조다. 펜션 입장에선 매출이 늘어날수록 지급해야 할 수수료도 덩달아 커진다. 수수료 발생에 따른 세금 문제도 무시 못 한다. 간이과세로 운영되던 펜션들이 거의 대부분 일반과세로 돌아선 배경이다. 자체적인 경쟁력만 충분하다면 예약 대행사를 거쳐야 할 이유가 없다는 생각은 아직도 변함없다. 하지만 소비자들 자체가 예약 대행사를 통한 가격 할인을 당연시하는 분위기가 굳어지면서 상황은 달라졌다. 정도의 차이만 남았을 뿐 예약 대행사 선택은 불가피해졌다.

예약 대행 수수료는 보통 판매된 매출의 15~20% 수준이다. 절대 적지 않은 수수료율이다. 예약 대행사를 선정할 때 우선순위를 정할 수 있는 기준도 모호하다. 회사들마다 각자의 인지도와 회원 수를 앞세우지만 실제로 판매에 미치는 영향은 크지 않다. 지역에 따라 판매율도 차이가 나고, 보유하고 있는 채널에 따라서도 매출은 판이하게 갈린다. 오히려 가맹 펜션을 위한 적극적인 의견 수렴과 체계적인 관리를 선택의 척도로 삼아야 한다. 외형에 현혹되어선 안 된다. 대기업의 옳지 못한 유통 관행과 별반 다를 바 없는 대행사들도 있다. 작은 규모의 펜션을 무시하는 못된 행태들도 눈에 띈다.

　예약 대행사와 계약을 맺으면 자기가 운영하는 실시간예약시스템과 예약대행사의 시스템을 번갈아가면서 관리해야 하는 번거로움이 생긴다. 일명 '방 막기'라고 불리는 데 양쪽 시스템이 호환되지 않아 생기는 불편함이다. 펜션 관리와 접객에 분주한 시간을 보내다 보면 간혹 예약이 중복되는 일도 생긴다. 이뿐만 아니라 여러 가지 불합리한 상황이 수시로 발생한다. 예약 대행사 선정에 신중해야 할 이유다. 당장의 시스템 개선이 어렵다면, 가맹 펜션에 대한 성의 있는 응대와 적극적인 문제 해결 의지를 가진 대행사를 택해야 한다. 요즘은 꽤 많은 신축 펜션들이 예약 대행사에서 제공해주는 실시간예약시스템을 무료로 쓰는 일이 늘어나고 있다. 방 막기를 포함한 당장의 불편함은 해소할 수 있

지만 장기적인 관점에선 득보다 실이 크다. 시스템을 빌려 쓰는 한, 대행사에 대한 종속은 점점 더 심해지고 불합리한 제약을 피할 방법도 줄어든다. 아예 처음부터 홈페이지를 제작할 때 자체적인 유료 시스템을 갖추는 편이 더 낫다.

대행의 편리함이 전부는 아니다.
자신만의 브랜드 이미지 구축이 우선이다.

백화점이나 대형마트를 가보면 흔히 보는 광경이 있다. 눈에 잘 띄는 자리엔 잘 팔리는 상품만 진열되고 판매가 부진한 상품들은 진열대 맨 아래나 후미진 구석에 처박혀 눈에 잘 띄지도 않는다. 예약 대행사도 마찬가지다. 매출이 많이 나오는 펜션이 우대받는다. 개별 업체의 매출은 중요하게 여기지 않는다. 전체적인 수수료 관리에만 집중한다고 보면 틀림없다. 광고 대행사 역시 무조건 광고비용만 늘리는 업체는 빨리 바꿔야 한다.

구조상 개별 펜션의 매출이나 판매율을 일일이 신경 써줄 순 없다고 쳐도, 가맹 펜션이 겪는 어려움까지 외면해선 안 된다. 펜션들도 예약 대행사의 인지도나 보유하고 있는 판매 채널의 숫자에만 매달려선 곤란하다. 자신만의 브랜드 이미지를 꾸준히 쌓아 올릴 수 있는 다양한 노력이 필요하다. 광고도 계절에 상관없이 꾸준히 진행해야 한다. 예약 대행사와의 수평적인 관계 형성도 중요하다. 자체적인 실시간예약시스템의 중요성을 강조하는 배경이다. 영리한 펜션들은 복수의 예약 대행사와 관계를 맺는다. 그리고 성실하지 못한 예약 대행사는 가차없이 내친다. 시간이 지나 다시 계약을 맺는 일도 어렵지 않다. 어차피 개인적인 감정은 끼어들 틈이 없다. 양쪽 모두 경제적 이해로 맺어진 관계일 뿐이다. 자체적인 시스템과 잘 관리된 브랜드 이미지의 힘 없이는 불가능한 일이다.

대형마트의 진열대에 놓인 상품들과 똑같은 문제다. 잘 팔리는 상품만 배려하는 업체 입장을 무조건 잘못된 행태라고 몰아붙이기도 힘들다. 경쟁력 없는 상품으로 무작정 떼를 쓸 순 없는 일이다. 잘 팔릴 수 있는 품질과 브랜드 인지도가 우선이다. 대행사들과의 동등한 협업은 자기 펜션의 높은 상품성과 자생력 없이는 불가능하다. 수익형 펜션의 테마와 콘셉트를 강조하는 또 다른 이유다.

키워드 광고도 수없이 많은 펜션들과의 경쟁에서 이겨낼 때 효과를 거둔다. 온라인 화면상에서의 자리싸움 따위 아무 의미 없다. 아무리 비싼 광고 단가로 좋은 자리를 차지한다 해도 예약으로 연결되지 않는 한 무의미한 돈만 낭비하게 될 따름이다. 예약 대행은 더하다. 같은 대행사 사이트 안에서도 수천여 개의 가맹 펜션들과 경쟁을 해야 한다. 내가 만든 펜션이 남들만 못하다면 팔리지 않는 건 당연하다. 낮은 예약률에 울상 짓기 전에 자기 펜션에 대한 냉정한 성찰이 필요하다.

명확한 테마와 차별화된 콘셉트는 고만고만한 펜션들 사이에서 유난히 눈에 띈다. 자신만의 독특한 서비스와 안정된 관리는 높은 판매율을 뒷받침한다. 신뢰할 수 있는 대행사들과의 좋은 관계는 소비자들에게 호의적인 이미지를 남긴다. 펜션의 인지도가 쌓일수록 예약은 더욱더 늘어난다. 예약 대행사와의 관계에서도 자유로워진다. 종국엔 수익형 펜션으로 굳건히 자리 잡을 수 있을 뿐만 아니라 리딩 펜션의 지위에 한 걸음 더 다가갈 수 있다. '어떻게든 잘되겠지' 하는 안일한 생각은 버려야 한다. 이미 시장에는 저마다의 매력을 뽐내고 있는 수많은 경쟁자들이 버티고 있다는 사실을 명심하자.

18
서비스는 서비스다

Check / Point

수익형 펜션의 바람직한 서비스 운영
• 돈을 받는 순간 서비스는 상품이 된다.
• 입실에서 퇴실까지의 전 과정이 서비스다.
• 지속 가능한 현실적인 서비스만 제공하자.

서비스는 서비스일 뿐이다. 'Service'의 사전적 의미와는 별개로, 우리는 보통 서비스와 공짜를 같은 개념으로 받아들인다. 단돈 십 원만 받아도 서비스는 상품이 된다. 바꿔 말하면 서비스로 돈을 벌 궁리를 하는 순간 고객은 더 이상 서비스로 받아들이지 않는다는 뜻이다. 수익형 펜션 서비스의 핵심이다. 호텔이나 리조트 등의 패키지 상품을 떠올려 보면 금세 이해할 수 있다. 법적 근거도 없는 호텔의 봉사료가 무려 40년 가까이 아무런 제재 없이 묵인되어 온 사실이 새삼 화제에 오른 이유도 마찬가지다.

고객들 중 그 누구도 추가 비용을 선뜻 용납하지 않는다. 펜션을 예약하고 객실 요금을 지불한 순간 모든 계산이 끝났다고 여긴다. 대체로 수긍하는 바비큐 이용료 정도를 제외하면 나머지 모든 시설과 서비스는 당연히 공짜라고 생각한다. 펜션 서비스와 관련된 문제는 대체로 이 부분에서 시작된다.

소탐대실(小貪大失)은
그저 흘려 들을 사자성어가 아니다.

펜션도 제법 오래된 서비스가 많다. 요즘은 대부분 없어지는 추세지만 멀리서 온 고객을 마중 나가는 픽업Pickup이나 조리 기구와 숯불을 제공해 주는 바비큐는 대표적인 펜션 서비스다. 조식도 낯설진 않다. 새벽녘에 일찍 일어나 밥을 해먹지 않는 이상 늦은 아침을 간단하게 해결할 수 있는 조식은 양쪽 모두에게 도움이 된다. 고객 입장에선 번거로운 식사 준비 없이 간단하게 아침을 해결할 수 있고, 펜션 입장에서도 은근히 빠른 퇴실을 종용하기에 안성맞춤인 까닭이다. 센스 있는 펜션들은 조식보다는 '브런치Brunch'라는 세련된 표현을 쓴다. 따로 돈만 받지 않는다면 좋은 아이디어라고 칭찬받을 만하다.

　월풀이나 스파, 야외 수영장 등을 '서비스 시설'이라고 분류한 이유도
이런 시설들의 본질적인 목적이 고객 서비스에 맞춰져 있기 때문이다.
풀 빌라 펜션도 일종의 서비스 패키지 상품으로 볼 수 있다. 원래 의도
와는 많이 벗어났지만, 고객들을 대상으로 한 서비스를 극대화 시킨다
는 전략에서 출발한 게 풀 빌라 펜션이다. 의도에서 벗어났다는 표현도
서비스를 구실로 요금을 지나치게 많이 올렸다는 뜻이다. 서비스로 출
발한 시설들이라면 끝까지 서비스로 남겨 두었어야 했다. 고객들이 공
짜가 아니라고 느끼기 시작한 순간부터 문제가 복잡해졌다.

서비스 시설을 이용할 때 따로 돈을 받는 경우는 거의 없다. 예전에는 간혹 온수 비용을 따로 받는 펜션들이 있었다. 아직도 간혹 눈에 띄지만 대부분 무료다. 하지만 고객들은 전혀 다르게 받아들인다. 터무니없이 비싼 객실 요금 때문이다. 월풀이나 스파, 실내 풀^{Pool}, 심지어 야외 수영장을 이용하는 모든 비용이 요금에 포함되어 있다고 믿는다. 이런 사실을 제외하면 값비싼 요금을 설명할 방법이 없다고 확신한다.

펜션들 입장에선 억울하게 여길지 몰라도 전혀 근거 없는 소리도 아니다. 드러내 놓고 따로 돈을 받지는 않지만, 요금을 정할 때 서비스 시설이 설치된 객실의 요금을 훨씬 더 비싸게 책정한다는 사실을 부인하긴 어렵다. 양쪽의 입장이 분명하게 갈리는 대목이다. 어느 쪽이 더 불리할까? 펜션 쪽의 부담만 커진다. 돈을 주고받는 관계에선 돈을 받는 쪽이 주는 쪽을 이기는 경우는 없다.

서비스를 공짜로 여기는 풍조도 바람직하진 않다. 하지만 받을 돈 다 받고 서비스라고 우기는 모습 역시 그리 좋아 보이진 않는다. 서비스에도 당연히 비용이 발생한다. 일반적인 기업들이 고객만족^{CS}을 최우선으로 여기는 것은 다소간의 비용보다 소비자들의 호의적인 반응이 우선이라는 사실을 인정한 결과다. 이런 배경은 펜션에도 그대로 적용된다. 서비스는 고객이 인정할 때 의미가 있다. 고객이 배려가 아닌 권리라고 느끼면 더 이상 서비스가 아니다.

한 가지 예를 들어보자. 예전과 달리 요즘엔 입실한 고객들 중 열에 아홉은 월풀이나 스파에 손도 안 댄다. 청결에 대한 불만이나 갑작스러운 고장에 대한 격한 항의도 고작해야 열 중 하나다. 하지만 항의가 격해지면 격해질수록 펜션 입장에선 억울함이 커진다. 돈 내고 쓰는 시설도 아닌데 별거 아닌 일로 지나치게 화를 낸다고 여긴다. 가끔은 큰 싸움으로 번질 때도 있다. 과연 누구 잘못이 더 클까? 일방의 잘못이라고 잘라 말하긴 어렵지만, 어쨌든 관리 소홀에 대한 책임은 펜션이 질 수밖에 없다. 서비스가 가지고 있는 함정이다. 월풀이나 스파뿐만 아니라 바비큐나 조식, 픽업 등 나머지 모든 펜션 서비스도 마찬가지다.

월풀이나 스파를 놓지 말라는 소리가 아니다. 월풀이나 스파, 실내 풀Pool은 제법 많은 돈이 드는 시설들이다. 만드는 입장에선 본전 생각이 절로 들 수밖에 없다. 관리에도 적잖은 비용이 든다. 일반적인 객실보다 비싸게 받을 수밖에 없다. 문제는 소비자의 만족에 달려있다. 돈을 낸 입장에서 월풀이나 스파의 청결이나 고장을 문제 시 삼는 행동도 당연하게 받아들여야 한다. 따로 돈을 받지 않았다는 핑계만으로 모든 문제를 피해 갈 순 없다.

서비스 시설에 따른 비용이나 수익만 따져서는 곤란하다. 고객의 호의적인 반응을 이끌어낼 수 있는 꾸준한 관리가 뒷받침되지 못하면 아무 의미 없다. 관리에 자신이 없다면 처음부터 고려 대상에서 제외하는 편이 낫다. 서비스 시설이 객실 가격에 영향을 미치는 한 피해 갈 수 없는 문제다. 서비스로 돈을 벌 욕심은 버려야 한다. 가끔 음식 솜씨에 자신 있다고 브런치나 바비큐 세트로 부수입을 욕심내는 일도 있다. 정말 자신 있다면 펜션 말고 음식 장사를 해야 할 사람들이다.

**고객이 문턱을 넘어선 순간부터
눈에 보이는 모든 것들이 서비스다.**

접객도 서비스다. 손님을 대하는 태도는 물론이며, 펜션 안팎의 관리 상태도 서비스다. 고객이 문턱을 넘어서는 순간부터 다음 날 퇴실할 때까지 보고 느끼는 모든 것들이 서비스란 뜻이다. 몇 해 전 전남도청 주최로 펜션과 관련된 강연을 한 적이 있었다. 주제는 접객 요령과 서비스 강화였다. 요즘은 다른 지역 못지않게 좋아졌지만 불과 4~5년 전만해도 전남 지역 펜션들의 서비스 수준은 도청이 나서서 신경을 써야 할 정도였다. 손님을 맞이할 땐 속옷 차림은 피하고 이불이나 침구는 자주 세탁하자는 당부에 아연실색했었다. 지금은 다 지나간 옛날이야기라지만 마냥 웃어넘길 수만도 없는 내용들이다.

잘 만든 건물과 인상적인 객실 분위기가 고급이라는 이미지의 전부가 아니다. 펜션은 접객업이다. 찾아오는 고객들을 대하는 주인의 옷차림이나 태도 역시 고급이라는 이미지에 걸맞아야 한다. 펜션은 '내가 사는 집'이라는 민박의 성격을 물려받은 탓에 서비스에 대한 인식이 잘못 이어져 내려온 측면이 있다. 밭일하다 뛰어온 듯한 차림으로 손님을 맞이한다거나 대수롭지 않게 고객을 대하는 태도는 시급히 개선되어야 할 부분들이다. 설마 하는 생각이 들지 몰라도 이런 모습은 흔히 볼 수 있다. 호텔처럼 전문적인 서비스 교육을 받은 직원을 따로 둘 수 없다면 접객은 오롯이 주인의 몫이다. 수건이나 비품의 추가를 부탁하는 고객들에게 구시렁대는 일도 흔하다. 서비스에 대한 개념부터 바꿔야 한다. 비싼 돈 들여 설치한 월풀이나 스파가 서비스의 전부는 아니다.

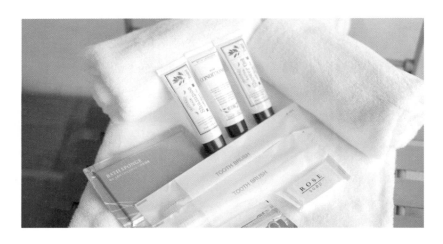

인테리어도 서비스다. 예약을 결정짓는 중요한 요소일 뿐만 아니라, 펜션에 입실한 후 퇴실할 때까지 고객이 머물 객실의 분위기는 서비스 중에 서비스라는 인식을 가져야 한다. 기본적인 마감 외에 사용하기에 편리한 가구와 인원 숫자에 맞게 비치된 집기 비품도 인테리어다. 침구의 관리나 수건의 청결은 기본이며 주방에 비치된 냄비나 그릇의 관리

상태, 디자인마저도 중요한 서비스다. 이런 사실들을 깨닫지 못하는 한 수익형 펜션은 엄두도 못 낸다. 서비스의 목적은 자기 펜션에 대한 고객들의 깊은 만족과 그들의 입에서 입으로 전해질 좋은 평판에 있다. 바이럴 마케팅? 결코 어려운 개념이 아니다.

좋은 서비스?
훌륭한 발상보다는 지속성이 먼저다.

남다른 서비스에 골몰하다 보면 스스로도 감탄할 만한 아이디어가 떠오를 때가 있다. 미안한 말이지만 대부분 결과는 좋지 못하다. 하물며 푼돈을 벌 욕심에서 나온 발상이라면 더더욱 곤란하다. 획기적인 아이디어보다는 오랫동안 꾸준히 제공할 수 있는 서비스가 필요하다. 규모가 제법 큰 펜션이 문을 열고 나면 커피나 음료를 팔거나 브런치나 바비큐 세트를 판매할 욕심을 부린다. 구석구석 남는 공간도 많고 객실 숫자를 생각하면 채산성도 나쁘지 않을 거라는 막연한 기대 때문이다. 하지만 보통은 득보다 실이 더 크다. 커피? 원두의 선택과 관리, 추출 등 커피 전문점들조차 쉽게 풀지 못하는 많은 문제들과 씨름하게 된다. 브런치나 바비큐 세트를 돈 받고 팔 배포는 어디서 나오는지 의아할 따름이다. 펜션 운영만으로도 벅찬데 요식업을 겸하겠다는 무모한 배짱이다. 자칫 푼돈은 고사하고 맛없는 한 잔의 커피와 기대에 못 미치는 질 낮은 음식이 펜션의 평판만 해칠 수 있다.

　눈에 띄는 서비스가 필요하다면 기본으로 돌아가야 한다. 펜션 서비스 중에 으뜸은 역시나 '바비큐'다. 바비큐가 아니라면 굳이 펜션을 찾을 이유가 없을 정도다. 보다 값싸고 서비스 좋은 시설들은 널리고 널렸다. 한여름을 빼면 이름난 대형 리조트나 콘도미니엄의 객실 요금은 펜션보다 월등히 싸다. 심지어 방도 크다. 모든 공을 바비큐 탓으로 돌릴 순 없겠지만 가장 신경 써야 할 서비스라는 점은 분명하다. 굳이 기발한 아이디어를 떠올릴 필요가 없다. 훌륭한 바비큐 서비스만으로도 충분하다.

　바비큐용 웨버Weber 그릴은 이미 상당 수준 대중화되었다. 예전처럼 드럼통을 반쯤 잘라 논 듯한 화로나 숯불 고깃집 같은 불판을 쓰는 펜션은 별로 없다. 웨버 그릴은 다양한 방식의 조리가 가능하다. 흔히 쓰는 직화 그릴은 기본이며, 복사열을 이용한 방식으로도 고기를 익힐 수 있다. 그런데 대부분의 펜션들이 이런 다양한 방식을 잘 모른다. 고기를 직접 불에 구워 먹는 방법보다 뚜껑을 덮어 복사열로 구워내는 방식이 훨씬 편하고 맛있다. 직화로 구울 때 생기는 그을음이나 연기도 없고 겨울철엔 고기를 한꺼번에 구워 따뜻한 객실에서 먹을 수도 있다. 바비큐 그릴의 청소나 관리도 한결 수월하다.

건성으로 숯불만 피워줄 일이 아니다. 제철에 나는 채소나 감자, 고구마, 단호박 몇 쪽을 미리 준비해 두자. "텃밭에서 따온 건데 맛이라도 좀 보세요!"라면서 수줍은 듯 건네주면 누구나 좋아한다. 따로 꼬치를 준비해서 건네주면 효과는 더욱 커진다. 버섯이나 방울토마토 정도만 꿰어줘도 충분하다. 객실이 아무리 많아도 준비하는데 한 시간도 안 걸린다. 예쁘장한 유리병에 와인까지 조금씩 담아주면 반응은 폭발적이다. 비용? 잊어버려도 될 수준이다. 돈 들인 블로그나 어설픈 바이럴 마케팅보다 훨씬 적은 비용으로 꾸준히 오랫동안 제공할 수 있는 서비스들이다.

굳이 바비큐가 아니더라도 소비자들의 좋은 반응을 이끌어낼 수 있는 검증된 서비스는 얼마든지 많다. 오히려 자기 펜션의 테마에 맞는 서비스 개발이 중요하다. 커플과 가족이 원하는 펜션이 서로 다르듯 서비스도 고객층에 따라 보다 더 세심하게 검토되어야 한다. 애견 펜션은 강아지에 초점을 맞춘 서비스가 필요하다. 키즈도 마찬가지다. 강아지와 어린 자녀들이 좋아할 서비스는 돈을 낼 견주나 부모들에게 좋은 반응을 이끌어낼 수 있다.

　서비스에 대한 평가는 'Yes or No'다. 몇 분위로 나누던 마찬가지다. 일반적인 기업들의 서비스 만족도 조사에도 적용되는 원칙이다. 매우 만족한다 외에 나머지 어정쩡한 대답들은 모두 불만족으로 처리된다. 야박하게 들릴지 몰라도 펜션의 예약률도 서비스의 만족도와 비례한다. 픽업이나 바비큐가 서비스의 전부가 아니라는 사실도 잊지 말아야 한다. 건물의 형태나 구조, 주차의 편리함, 객실 인테리어, 관리와 청결 등 모든 것들이 서비스라는 점을 기억해두자. 펜션을 운영하는 주인의 서비스 정신과 접객 태도 역시 빠질 수 없다는 점을 염두에 두면 관리의 중요성은 더욱 커진다.

19

관리!
판매와 서비스를 지탱하는 힘

수익형 펜션의 안정적인 관리 방안   Check / Point

• 관리 비용에 대한 현명한 판단

• 적정 인원의 선발과 관리

• 효율적인 관리 시스템의 구축

꽤 오래전 마케팅 대행사에 근무하던 시절 일이다. 상대편 마케팅 담당자의 면담 요청으로 서울 시내 유명 호텔을 방문한 적이 있었다. 세계 각국의 정상급 귀빈들이 주로 묵던 유명한 특급 호텔이었다. 호텔 로비를 뒤로한 채 'STAFF ONLY'라는 팻말이 붙은 문을 연 순간, 거짓말처럼 펼쳐진 풍경에 어리둥절해졌다. 밖에서 보던 화려함은 온데간데없이 사라진 삭막한 분위기의 사무실과 직원 식당, 회의실의 모습은 상상 밖이었다. 흡사 변두리 공장 한구석을 연상시키는 광경이었다. 독하다는 생각이 절로 들었다. 만남을 마치고 소회를 털어놓자 담당자조차 공감의 쓴웃음을 짓던 기억이 난다.

펜션도 크게 다르지 않다. 갑자기 옛날 기억이 떠오른 이유다. 펜션 창업을 꿈꾸는 사람들은 상상도 못할 일들이 벌어지는 곳 역시 펜션에서의 삶이다. 남들이 부러워할 만한 멋진 삶과는 거리가 멀어도 한참은 멀다. 밀려드는 손님들 덕분에 밥 한술 편하게 뜰 겨를이 없다. 호텔만큼 잘 꾸며놓은 객실과 달리 자기 집은 거들떠볼 겨를도 없다. 애써 뽑아놓은 직원들은 하루가 멀다고 불평을 쏟아내고 펜션 안팎의 소소한 고장이나 파손도 일일이 내 손으로 해결하긴 벅차다. 간간이 터져 나오는 고객들의 불만까지 겹치면 하루가 일 년 같아진다. 종국엔 도대체 어디서부터 잘못된 일인지 분간조차 안 된다.

**돈을 벌 궁리 이전에
관리에 대한 부담부터 줄여야 한다.**

기획 설계가 중요한 이유 중 으뜸은 효율적인 관리에 대한 사전 검토다. '관리'라는 단어는 허상 속의 단어가 아니다. 관리라는 말을 대수롭지 않게 받아들이는 순간 모든 일은 엉망이 되고 만다. 펜션과 관련된 수많은 일들 중에 가장 쉽게 간과하고 넘어가는 개념 역시 관리다. 매출이 오르지 않아 전전긍긍하는 펜션들의 특징이 있다. 너저분하게 널려있는 빨래더미와 여기저기 쌓여있는 쓰레기가 제일 먼저 눈에 띈다.

198

관리에 대한 사전 대비가 미흡하다 보니 힘에 부쳐 벌어진 볼썽사나운 광경들이다. 기획 설계 단계에서 관리에 대한 꼼꼼한 검토는 판매나 서비스보다 우선이다.

냉·난방 효율이나 급배수 용량 따윈 기본 중의 기본이다. 관리 측면에서 검토된 설비 계획은 건축 설계와 시공에 최대한 반영되어야 한다. 외딴곳에 떨어진 펜션의 입지를 고려하면 설비와 관련된 충분한 사전 대비는 필수다. 고객이 입실한 상태에서 일어나는 갑작스러운 고장이나 말썽은 그 즉시 해결하기가 어렵다. 관리에 대한 현명한 대책과 선행 투자가 필요하다. 객실을 만들어 돈을 벌 궁리 전에 관리에 대한 부담부터 최대한 줄여야 한다. 설비나 접객에 필요한 시설만이 전부는 아니다. 청소나 세탁, 수납과 동선에 대한 사전 준비가 훨씬 더 중요하다.

객실 청소를 대수롭지 않게 여기면 큰코다친다. 일단 혼자선 감당하기 버겁다. 일반 가정집 청소도 혼자서 하기에는 벅차다. 하물며 돈을 낸 손님을 받아야 할 객실 청소라면 어림도 없다. 오랜 기간 숙련된 전문 인력 2명이 팀을 이뤄야 한다. 펜션은 보통 오전 11시 퇴실과 오후 3시 입실이 기본이다. 전날 손님이 묵었던 객실을 불과 4시간 동안에 모든 청소와 세팅을 마쳐야 다음 손님을 받을 수 있는 구조다. 예약률이 높으면 높을수록 일은 점점 더 늘어난다. 방 10개를 치우고 다음 손님을 받는다고 가정하면 객실 하나당 주어진 시간은 고작해야 20분 남짓이다. 현실적으론 더 많은 인력과 시간이 필요하다. 심지어 퇴실 시간에 맞춰 방을 비워주지 않거나 입실 시간에 한참 못 미쳐 들이닥치는 손님들도 허다하다. 객실 청소와 정리? 절대 만만치 않은 일들이다. 사력을 다해도 벅차다.

세탁물 처리는 어떨까? 보통 2인용 객실을 기준으로 매일 같이 쏟아져 나오는 세탁물의 양은 상당하다. 매트리스와 이불, 베개에 씌워진 교체용 커버나 수건까지 쌓이면 웬만한 가정용 세탁기 한 대 분량쯤 된다. 객실 10개라면 세탁기 서너 대가 하루 종일 쉼 없이 돌아가야 겨우 마칠 수 있는 양이다. 건조는? 빨랫줄에 널어 말릴 요량이라면 한도 끝도 없다. 베개나 이불 커버를 적당히 털어서 다시 끼우지 않는 한 매일 같이 쏟아져 나오는 빨래를 감당하기란 요원하다. 위탁을 받아 빨래를 처리해줄 세탁공장이라도 있으면 다행이지만, 시내 중심지에서 멀리 벗어난 펜션은 그마저도 쉽지 않다. 서비스 시설이나 부대시설의 관리도 만만치 않다. 월풀이나 스파는 따로 직원을 두고 관리해야 할 정도다. 노즐에 남아있는 잔수殘水 때문에 물때나 찌꺼기 청소에 애를 먹는다. 야외 수영장도 매일 같이 물을 채우진 않아도 은근히 손이 많이 간다. 건물 안팎의 정리정돈이나 객실에서 쏟아져 나오는 쓰레기의 분리배출까지 생각하면 일손은 한없이 늘어난다.

이런 모든 일에 대한 대책은 펜션을 짓기 전에 미리 검토되어야 한다. 하지만, 이런 관리에 필요한 공간이나 설계를 지적하면 대부분 돌아오는 반응은 대동소이하다. "사람을 좀 더 뽑으면 안 되나요?"가 그들이 세운 대책의 전부다. 과연 그럴까? 아침마다 당일에 손님이 들어올 방이 퇴실하지 않고 꾸물거리는 꼴을 직접 봐야 이해가 된다. 예약한 손님이 들이닥쳤는데도 미처 청소를 끝내지 못해 전전긍긍 애를 태워봐야 비로소 깨닫게 된다. 객실 하나라도 더 만들어 돈을 더 벌고 싶은 욕심도 충분히 이해한다. 하지만 객실을 원활하게 운영할 수 있는 관리 대책 없이는 끔찍한 하루하루만 이어질 뿐이다.

돈으로만 모든 일을 해결할 수는 없다.
돈은 헌신적인 직원들이 벌어준다.

관리 시스템은 충분한 공간과 적절한 동선 외에 효율적인 직원 선발과 운영이 뒷받침되어야 한다. 판매가 원활하게 이어지려면 객실의 청

결과 관리는 한결같아야 한다. 서비스도 마찬가지다. 적정한 숫자의 인원이 손발을 맞춰 움직여주지 못하는 한 너무나 힘든 일들이다. 수익형 펜션을 꿈꾼다면 펜션 주인 스스로의 노동력은 가급적 배제되어야 한다. 주인이 관리에 매달리게 되면 원활한 객실 판매나 접객은 불가능해진다. 걸레를 손에 쥔 채 손님을 맞이할 순 없는 노릇이다. 예약을 관리하고 전화 응대를 할 시간도 줄어든다. 서비스를 점검하고 준비하는 일 따윈 꿈도 못 꾼다. 직접 몸을 쓰는 일은 최대한 줄여야 한다. 접객이나 서비스를 뺀 나머지 시간은 오롯이 머리를 쓰는 일에 집중해야 한다. 열심히 하는 것만으로는 부족하다. 영리하게 해야 한다.

수익형 펜션이 문을 여는 시점을 3~4월에 맞춰야 한다는 점도 인원 선발에 중요한 의미가 있다. 펜션에 필요한 인력도 나름의 전문성을 지닌다. 펜션에 근무한 경력이 오래된 사람이 더 낫다는 소리다. 경력자들치고 노는 사람은 별로 없다. 일 잘하는 사람은 특히 더하다. 펜션 주인들이 무슨 수를 써서라도 붙들어 놓기 때문이다. 성수기엔 더 심해진다. 일 잘하는 사람을 뽑을 욕심이라면 서둘러야 한다. 3월이나 4월 정도엔 채용 공고를 내고 면접을 봐야 적당한 사람을 끌어올 수 있다. 놀고 있던 사람이 아닌 이상 성수기가 코앞인 시점에 직장을 옮기긴 힘들다. 문을 여는 시점이 늦어지면 장사는 물론이고 사람 뽑는 일에도 애를 먹게 된다.

구분	선발 기준 및 근무 시간	
10객실 기준	비수기(예약률 50% 기준)	성수기(예약률 90% 기준)
	청소 2명 / 관리 1명	청소 5명 / 관리 2명
	오전 10시~오후 5시 (관리인원은 오후 8시 이후 퇴근)	

　적정 인원은 객실 규모나 예약률에 따라 조금씩 다르다. 관리에 필요한 공간이나 동선에 따라서도 인원은 달라진다. 보통 10객실 기준으로 비수기엔 총 3명, 성수기엔 총 7명 정도의 관리 인원이 필요하다. 물론 펜션 주인과 가족들의 노동력은 제외한 인원 구성이다. 실제로 운영되고 있는 펜션들마다 인력 운영은 모두 제각각이다. 위에 올려둔 기준이 정답은 아니다. 원활한 관리를 위한 최소한의 인력이라고 보면 된다.

　일단, 비수기 주중 예약률 50%를 기준으로 청소는 2인 1조 한 팀이 전담한다. 입, 퇴실 시간을 감안하면 5개 객실을 4시간 안에 청소하고 세팅할 수 있는 적정 인원이다. 별도의 관리 인원 1명도 필요하다. 객실에서 나오는 쓰레기를 분리배출하고 침구류를 옮기는 역할을 한다. 나머지 시간에는 펜션 안팎을 정리정돈하는 일도 맡아야 한다. 보통 청소를 담당할 직원은 여성을 쓰고, 관리에 필요한 남자 직원을 따로 뽑는다. 남자 직원은 근무시간도 다르다. 청소 인력은 오전 10시 무렵에 출근해서 오후 5시쯤 퇴근하는 데 반해, 남자 직원은 바비큐 서비스가 끝나는 오후 8시 정도까지 근무해 줄 수 있는 사람이 필요하다. 출·퇴근 시간에 따른 급여나 휴무 등은 재량껏 조절하면 된다.

성수기엔 늘어나는 일의 양에 맞춰 인원도 늘려야 한다. 비수기에도 휴무일을 감안하면 정직원을 대신해 근무할 수 있는 파트타임 인력이 필요하다. 성수기엔 특히 더하다. 비수기에 2인 1조로 운영되던 청소 인원은 5명까지 늘어난다. 세탁을 전담할 별도 인력이 필요하다. 비수기엔 청소와 세탁을 겸하면 되지만 거의 매일 모든 방에서 빨래가 쏟아져 나오는 성수기엔 일을 나눠야 한다. 관리 인원도 마찬가지다. 처리해야 할 일들이 두세 배 늘어난다. 이 모든 과정에 원칙이란 없다. 각자의 사정에 맞춰 인원을 뽑아 관리하면 된다. 하지만 간과해선 안 되는 부분이 하나 있다. 직원들에 대한 처우 문제다. 돈으로만 해결하지 못하는 일들이 많다. 얼핏 전문성 없어 보이는 펜션 청소도 상당한 숙련도를 필요로 한다. 공평한 일의 배당이나 휴무 보장은 물론이며, 성수기 매출에 따른 적절한 금전적 보상도 필요하다. 한마디로 일 잘하는 사람을 놓치지 말아야 한다는 뜻이다. 돈은 헌신적으로 일하는 내 사람들이 벌어준다는 사실을 반드시 기억하자.

**펜션 비즈니스의 고단함을 생각하면
관리에 대한 안일한 태도는 버려야 된다.**

관리에 대해 구구절절 설명을 늘어놓는 까닭은 펜션 비즈니스의 고단함 때문이다. 펜션을 시작해서 무조건 돈을 번다 해도 관리에 대한 부담을 줄이지 못하면 결코 녹록지 않은 생활을 이어가게 된다. 실제로 펜션을 운영하는 사람들이라면 충분히 공감할 이야기다. 매출이 제법 많이 오르는 펜션 주인들조차 이구동성으로 하소연하는 대목이다. 기획 설계 단계에서 2층 이상의 건물을 짓지 말라거나, 객실을 줄이는 한이 있어도 관리에 필요한 공간을 확보해야 한다는 이런저런 잔소리도 관리에 대한 염려 때문에 나오는 노파심이다. 사람을 써서 해결하는 방법도 한계가 있다. 매일같이 이어지는 입·퇴실과 손님들의 못마땅한 눈초리는 여간 부담스러운 일이 아니다. 부담으로만 끝나면 그나마 다행이다. 호의적이던 평판이 흔들리고 생활의 균형마저 깨진다. 믿어도 좋다. 실제로 겪은 경험에서 나온 우려다. 한동안 펜션을 운영하다 손을 뗀 이유도 매일같이 반복되는 고된 일과가 가장 큰 몫을 했다.

판매와 서비스, 관리의 세 가지 부담 중 관리에 대한 어려움이 가장 크다. 펜션? 말 그대로 연금Pension 구실을 해야 한다. 연금은 편안한 노후를 보장해 줄 때 의미가 있다. 돈을 벌어도 일에 치이고 사람들에게 상처받게 되면 연금이 아니라 고통Pain만 남는다. 판매가 부담스럽다면 객실을 줄여서 해결하면 된다. 서비스도 마찬가지다. 하지만 관리는 이마저도 힘들다. 오는 손님이나 쓰는 사람 때문에 생기는 심적인 부담은 억지로 줄일 수 없다. 최고의 방법은 자신이 운영할 펜션의 규모에 맞는 적절한 관리 시스템의 확보뿐이다.

수익형 펜션 지지치 않게 운영하기

　펜션이 문만 열면 모든 일이 술술 풀려나갈 것 같지만 실상은 그렇지 않다. 오히려 집을 짓는 과정에서 일어났던 소소한 문제와는 또 다른 일들과 씨름하게 된다. 일단 예약을 받고 손님을 맞이하는 일 자체가 낯설고 쑥스럽다. 군말 없이 지내다가 즐겁게 인사를 나누고 헤어지길 바라지만 이런저런 사소한 시빗거리라도 생길 때면 쥐구멍에라도 숨고 싶은 맘이 간절해진다. 원래 장사가 다 그렇다.

　사회생활이란 게 못 볼 꼴 많이 보고 못 들을 소리 참아가면서 한다지만, 돈을 받고 손님을 상대해 본 경험이 없던 사람들에겐 보통 고욕이 아니다. 시간이 흐르고 가슴 한편에 군살이 배길 때쯤이면 대수롭지 않게 넘어갈 수 있다. 그래도 매일같이 반복되는 일상을 참아내기란 여간 어려운 일이 아니다. 첫 단추가 중요하다. 지치지 않게 펜션을 운영하기 위해선 장사를 시작하는 순간부터 나름의 원칙을 세우고 요령을 익혀야 한다. 일반적인 자영업이라면 사업을 정리하고 전직轉職을 꿈꿔볼 여지도 있지만 펜션은 그마저도 쉽지 않다. 장사와 생활이 한 공간에서 이루어지기 때문이다.

1 손님은 왕이라는 환상에서 벗어나자.
내 집에서 왕은 나 자신이란 사실을 잊지 말자.

갑질에 대한 논란이 끊이지 않는 이유는 돈에 얽힌 복잡한 이해관계가 원인이다. 돈을 낸 만큼 대접을 받아야겠다는 이기적인 생각과 돈에 대한 아쉬움이 부딪칠 때 생기는 갈등이다. 펜션에 오는 손님들 중에 진상 소리 듣는 사람은 많아야 일 년에 한두 명이다. 대부분 큰 불만 없이 머물다 가는 편이다. '진상' 손님을 한두 번 겪고 나면 잘못된 학습효과가 생긴다. 무조건 비위를 맞추고 문제를 덮는 데 급급해진다. 말도 안 되는 진상 짓도 참아야 한다는 이들도 있다. 장사하는 사람이라면 당연히 겪어야 할 과정이라고 우긴다. 한참 잘못된 생각이다. 손님은 왕이라는 그릇된 환상에서 벗어나자. 내 집에서 왕은 나다. 아무리 돈을 낸 손님이라 해도 내 집에선 내가 만든 원칙을 지켜야 대접해 준다는 인식의 전환이 필요하다. 쉽게 지치지 않으려면 말이다.

수익형 펜션엔 '단골손님'이 존재하지 않는다. 다시 찾는 손님이 아예 없다는 말은 아니다. 매일 새로운 손님이 줄을 잇는 탓에 미처 단골이라고 느끼지도 못할 수준이란 뜻이다. 단골에 목을 매는 펜션들은 대부분 예약률이 매우 낮다. 어쩌다 찾아오는 손님들에게 애걸복걸할 수밖에 없다. 장사가 잘 된다고 손님을 막 대하란 소리가 아니다. 내 잘못이 분명한 경우라면 최대한 성의를 표하고 적절한 보상으로 문제를 해결해야 한다. 하지만 무작정 걸어오는 시비까지 참아낼 필요는 없다. 맘에 들지 않으면 나가달라고 요구할 수 있는 배포가 필요하다. 객실 요금? 미련 없이 돌려주자. 그래도 참아야 한다는 논리는 몇 푼 안 되는 돈에 얽매인 푸념에 가깝다. 배짱 좋게 요금을 돌려주면서 정중하게 나가달라고 말해보라. 되려 잘못했다는 소리가 저절로 나온다. 갑질? 별거 아니다. 돈에 대한 미련만 버리면 갑질을 당해야 할 이유도, 참아야 할 명분도 사라진다.

인터넷에 달리는 악플? 블로그에 올리는 비난 섞인 평가? 무시해도 좋다. 난장판 같아 보여도 온라인엔 악의적인 의도쯤은 한눈에 가려낼 줄 아는 집단지성이 존재한다. 좋은 평판을 쌓아온 펜션은 한두 개의 악플에 쉽게 무너지지 않는다. 정 못 참겠다면 직접 연락해서 게시글을 삭제해 달라고 당당하게 요구해도 된다. 명백한 '영업방해'라는 법적 명분을 들이밀면 대부분 금세 입을 다문다. 내 잘못이 분명할 땐 속수무책이지만, 심지어 그런 경우조차 문제의 시시비비는 당사자들 간의 문제일 뿐이다. 온라인에서 상대를 공격하는 일은 법으로도 금하고 있다.

일 년 정도 펜션을 운영하면서 손님들과의 문제는 '돈'으로 해결하는 게 가장 빠르다는 사실을 터득했다. 펜션뿐만 아니라 장사를 하면서 겪게 되는 대부분의 문제는 돈으로 시작해 돈으로 끝난다. 포기하면 이긴다. 직접 겪었던 이야기 하나를 소개하겠다. 여름 성수기에 2박 3일 예정으로 입실한 젊은 부부가 있었다. 하룻밤을 묵고 난 다음 날 갑자기 비가 오고 갑자기 날씨가 쌀쌀해졌다. 하필 온수 보일러가 고장 나는 일까지 겹쳤다. 그나마 여름이었던 탓에 다른 방 손님들은 크게 문제 삼지 않았는데 유독 이 젊은 부부만 문제였다.

잠시 자리를 비운 사이 직원 하나가 어설픈 핑계를 대는 통에 남편이 심하게 화를 내고 있었다. 알고 보니 부인이 임신 중이었다. 보일러 수리에 며칠 걸릴 형국이라 정중히 사과했다. 그리고 이틀 치 숙박료 전부를 봉투에 담아 돌려주며 사실대로 설명했다. 결과는? 화를 삭일 모양새로 잠시 외출을 했던 부부는 수줍게 케이크 상자를 내밀며 다음에 다시 오겠다는 인사를 남기고 떠났다. 그리고, 그 후 일 년이란 짧은 기간 동안 대여섯 번쯤 다시 찾아왔다. 돈을 포기하는 순간 모든 문제가 저절로 풀린 경우다. 단지 돈을 내고 푸대접을 받았다고 느껴서 화를 낸 것뿐이었다. 돈이 얼마나 간사한지 새삼 실감했다.

2 환불에 인색하게 굴지 말자.
  눈 앞의 작은 이익을 포기하면 더 큰 이익이 돌아온다.

　예약 취소^{No Show}도 오래된 분쟁 중 하나다. 예약하고 나타나지 않는 몰지각한 사람들 때문에 겪는 어려움은 충분히 공감한다. 하지만 펜션은 지나친 면이 있다. 모든 펜션 홈페이지에 게시된 환불 규정은 법적으로도 문제가 많다. 숙박 당일 피치 못할 사정으로 예약을 취소하면 한 푼도 돌려받지 못한다. 시간적 여유가 있어도 상당한 금액을 포기해야 한다. 보통 예약 시점부터 10%씩 요금을 차감하고 돌려주는데 매우 옳지 못한 관행이라고 생각한다.

05. **환불규정** Refund provision

올바른 예약문화의 정착을 위하여 불가피한 조치이오니 양해 부탁드립니다.
보호자 동반 없는 미성년자 예약 발견 시 환불 없이 예약 취소됩니다.
예약일 변경시 발생하는 수수료도 취소 수수료가 동일하게 적용되오니 예약시 신중하게 생각하시고 결정해 주시기 바랍니다.

- 기본 환불 수수료

이용당일	이용 1일전	이용 2일전	이용 3일전	이용 4일전	이용 5일전	이용 6일전	이용 7일전	이용 8일전	이용 9일전	이용 10일전
0% 환불	0% 환불	20% 환불	30% 환불	40% 환불	50% 환불	60% 환불	70% 환불	80% 환불	90% 환불	90% 환불

　펜션 입장에선 예약하고 취소를 할 때까지 다른 예약을 받지 못한 손해에 대한 보상이라고 항변할지 몰라도, 소비자 입장에선 선뜻 받아들이기 힘들다. 말이 예약금이지 사실상 객실 요금의 전부인 탓이다. 상식적으로 예약금이라고 하면 10%나 많아도 50%를 넘지 않아야 정상이다. 펜션도 예약금 환불에 대한 규정을 엄격하게 지킬 요량이라면 객실 요금의 전부가 아닌 일부만 받는 게 맞는 이치다. 10% 정도의 예

약금을 돌려받지 못하는 수준이라면 소비자들도 나름 수긍이 간다. 하지만, 가뜩이나 비싼 요금의 전부나 8~90%를 돌려받지 못하는 지금의 환불 규정은 억지라고 느껴질 뿐이다.

지금까지 창업을 대행해 준 모든 펜션들에게 따로 당부해 두는 말이 있다. 특별한 경우를 제외하고 예약금 환불은 기간에 관계없이 전부 돌려주라고 권한다. 수익형 펜션이라면 당연한 상식이다. 장사 잘 되는 펜션이 지나치게 인색하게 굴면 야박해 보인다. 자기 집의 일부를 빌려 준다는 펜션 사업의 본질을 떠올려 보면 지나친 장삿속은 보기에 좋지 않다. 주인이 돈에 인색하게 굴면 손님도 덩달아 엄격해진다. 역지사지다. 나는 한 푼도 손해 보지 않겠다고 굴면서, 찾아온 손님이 겪는 불편함은 무조건 참으라고 강요할 순 없다.

또 다른 경험담이다. 추석 연휴에 갑자기 예약을 취소한 손님이 있었다. 기대를 많이 했는데 갑자기 부인이 아파서 못 가겠다고 양해를 구하며 얼마를 돌려주냐고 물어왔다. 망설이는 기색 없이 전액 돌려준다고 대답하고 그 즉시 입금해주었다. 금세 잊고 지냈는데, 불과 몇 주 후 가장 비싼 단체실을 빌려 중년의 부부 두 명만 놀러 왔다. 이유를 물었더니 "지금까지 숱하게 펜션을 다녀봤어도 여기처럼 양심적인 펜션은 첨 봤다!"라는 칭찬을 들었다. 미안해서 제일 비싼 방을 잡았다는 소리도 곁들여서 말이다. 이들 부부도 앞에 말한 젊은 부부만큼 자주 찾아왔다. 두 부부의 공통점은 하나 더 있다. 다시 올 때마다 단 한 번도 불평을 늘어놓은 적이 없었다는 점이다.

3 지나친 과욕은 금물이다.
펜션? 하루 이틀에 끝낼 장사가 아니다.

의욕적으로 장사에 임하는 자세는 매우 바람직하지만, 지나친 과욕은 금물이다. 펜션을 준비하다 보면 이것저것 떠오르는 구상들이 많다. 정성껏 조식을 만들어 손님을 끌어들인다거나 브런치로 유명세를 모으고 싶다는 생각들 말이다. 급하게 서둘지 않아도 된다. 의욕이 지나치면 과욕이 되고 원하는 결과를 얻기는커녕 쉽게 지치고 만다. 이런 일들은 예약률이 안정된 후에 시작해도 늦지 않다. 하루 이틀에 끝낼 장사도 아니지 않은가?

비단 먹는 일에 국한된 이야기가 아니다. 남들이 하고 있는 이런저런 일들을 따라 하고 싶은 마음이 굴뚝 같아진다. 온수를 채운 수영장을 만들어 가을 겨울에도 손님을 끌어들이고 싶은 욕심이 생긴다. 스파나 월풀을 좀 더 늘려 가격을 올리면 어떨까 싶은 생각도 든다. 멀쩡한 정원을 뒤집어엎거나 카페를 차리고 싶은 꿈도 꾼다. 매출이 기대에 못 미칠 땐 걷잡을 수 없는 지경에 이를 때도 있다. 결코 섣불리 덤벼들 일들이 아니다. 예약이 차지 않는 이유를 엉뚱한 곳에서 찾지 말자. 펜션의 관리나 서비스, 가격 문제부터 점검해야 한다. 매출을 올리기 위한 욕심에서 벌이는 대부분의 일들은 의미 없는 추가 투자로 끝날 때가 많다. 특단의 조치는 긴 호흡으로 기존의 문제들을 개선하고 난 후에 결정해도 늦지 않다.

오히려 자신이 감당해야 할 일의 양과 범위를 줄이는 편이 좋다. 충분한 숫자의 직원을 뽑아 직접 품을 팔아야 할 일들을 최대한 줄이라는 뜻이다. 꽤나 많은 사람들이 솔선수범하는 자신의 모습에서 위안을 얻는다. 최선을 다했다는 핑계로 심리적인 부담감을 줄이려고 든다. 의미도 없고 성과도 미비하다. 정작 열심히 매달려야 할 일들은 따로 있다.

걸레를 들고 청소에 매달릴 시간이 없다. 퇴실하는 손님을 정성껏 배웅하고 입실하는 손님에게 상냥한 인사를 건네는 일이 훨씬 더 중요하다. 예약 전화를 내팽개쳐 둔 채 쓰레기를 정리하거나 빨래를 너는 일 따윈 금물이다. 급한 마음에 손에 붙들고 있는 일들이 매출에 악영향을 줄 수 있다는 사실을 기억해야 한다. 당장 예약 상담을 해오는 손님을 영리하게 응대할 겨를이 없어진다. 고객의 의도에 맞는 적절한 대답을 준비하기 위해선 차분히 생각을 가다듬을 수 있는 마음의 여유가 필요하다.

적절한 휴식과 재충전도 필요하다. 일주일에 하루쯤은 가족들에게 모든 일을 맡기고 펜션에서 벗어나는 게 좋다. 새로움을 기대하고 찾아오는 손님들과 달리 다람쥐 쳇바퀴 도는 일상을 견뎌내는 일은 절대 쉽지 않다. 열심히 하는 것도 좋지만, 영리하게 이끌어나갈 필요도 있다. 노파심 따윈 잠시 내려놓아도 좋다. 믿고 맡길 가족들이 없다면 함께 일하는 직원들에게 의지해도 된다. 어차피 하루 이틀에 끝낼 일도 아니다. 수익형 펜션! 지치지 않고 운영하기 위해선 적절한 휴식과 재충전은 필수다.

마치면서

매번 새로운 프로젝트를 마친 다음 인수인계를 끝내고 나면 한동안 일이 손에 잡히지 않는 묘한 경험을 한다. 몇 달씩 공들여 만든 객실 열쇠를 주인들에게 건네줄 땐 서운한 감정에 눈물이 왈칵할 때도 있다. 어차피 주인에게 돌아갈 줄 뻔히 알면서 한 일인데도 말이다. 아쉬운 마음에 쉽게 떠나지 못하고 한참을 머물면서 이런저런 일을 마무리하고 펜션 운영에 대해 조언을 해주다 보면 웃지 못할 일들도 생긴다. 이미 내 손을 떠났다는 걸 실감하지 못해 오지랖을 떨거나, 괜한 일로 혼자 낯 붉힐 때도 있다. 그나마 다행인 건 주인들도 속마음을 알아주는지 크게 나무라거나 개의치 않는다. 펜션을 떠난 후 한참 동안은 시집보낸 딸 걱정하듯 하루에도 몇 번씩 예약 현황을 들춰보며 일희일비한다. 언제나 맘속에서 완전히 떠나보낼 때까진 제법 오랜 시간이 걸린다.

"그렇게 시시콜콜 다 써놓으면 누가 당신을 찾겠어!"

자세히 기억나진 않지만, 첫 책을 마무리할 때쯤 누군가 옆에서 무심코 던진 핀잔이다. 사진이나 표는 최대한 많이 넣고 웬만하면 글은 짤

막짤막하게 쓰란 잔소리도 들었다. 다들 무슨 소릴 하고 싶어 하는지 알아들을 깜냥 정도는 있다. 요즘엔 다들 자기 밥벌이 때문에 책을 낸다지만 그렇게까지 하긴 싫었다. 굳이 그럴 이유도 없다. 나와 우리 팀이 일 년에 만들어낼 수 있는 펜션 숫자는 기껏해야 한두 개가 전부다. 욕심을 부리면 리모델링 몇 개 정도는 더 맡을 수도 있겠지만 서로가 못할 짓이다. 보잘것없는 재주로 죽을힘을 다해도 돈 되는 펜션 만들기란 여간 어려운 일이 아니다. 일 년에 딱 두 개다. 그 이상은 무리다. 돈 받고 일해주는 사람이 해야 할 당연한 도리다.

'펜션비즈니스포럼'이라는 이름의 개인 블로그를 처음 시작한 게 2011년 5월이다. 햇수로 벌써 7년이란 시간이 지났다. 313개라는 포스팅 숫자만 보면 꽤나 게으른 블로그다. 블로그가 전문도 아니지만, 새로운 프로젝트를 맡고 나면 한동안은 글을 쓸 시간도 없다. 그래도 틈틈이 정리한 내용을 가지고 두 번째 책까지 펴낼 수 있었다. 원래 시작은 책을 펴낼 목적도 아니었다. 펜션 시장을 조사하고 현장에서 부딪치며 느꼈던 내용들을 정리해 둘 생각으로 시작한 블로그였다. 하지만 놀랍게도 아무도 관심 없을 줄 알았던 블로그를 찾아와 많은 도움이 되었다는 격려의 인사를 받게 되면서 생각이 바뀌게 되었다.

솔직히 집 잘 지어 줄 회사들은 수없이 많다. 양심적인 기술자나 경험 많은 디자이너는 얼마든지 만날 수 있다. 하지만 펜션으로 돈 버는 방법, 아끼는 요령을 알려주는 사람은 거의 없다. 전에 없던 분야에 마케팅이란 이름을 붙여 개인적인 생각들을 끄적이던 블로그에 목차를 달고 순서대로 정리하게 된 이유다. 많은 사람들이 펜션이라는 사업을 시작하기 전에 한 번쯤 읽어보고 생각해 볼 계기가 되었으면 하는 바람도 있었다.

돈 얘기만 주야장천 늘어놓겠다는 호언장담으로 시작한 두 번째 책이 끝났다. 돈 얘기란 소리가 천박하게 들릴지도 모르겠다. 하지만 마케팅이 주로 다루는 분야는 '돈'이다. 갖가지 외래어와 알아듣지도 못할 용어들이 남발해도 핵심은 결국 돈이다. 마케팅은 순수 학문과는 거리가 멀다. 들어간 돈과 벌어야 할 돈 사이에서 살아남는 법을 다룬다는 점에서 보면 펜션만큼 맞춤한 분야도 드물다. 지금까지 지치지 않고 신바람 나게 일해올 수 있었던 원동력이다. 얼마나 버는지 한눈에 훤히 보이는 펜션 비즈니스의 독특한 구조도 큰 힘이 되어주었다. 마치 롤러코스터에 올라탄 기분이랄까? 어쨌든 전부터 해오던 마케팅을 기반으로 돈 버는 펜션을 만드는 일을 꾸준히 해왔고 여기까지 왔다. 다행히 매번 만들어 온 펜션들마다 돈을 벌었고 나름의 노력을 인정해준 덕분이다.

첫 번째 책을 내고 부랴부랴 두 번째 책을 정리하고 나니 아쉬움이 많이 남는다. 건축이나 인테리어는 여전히 내 몫은 아니라고 생각한다. 그래서 돈 얘기만 잔뜩 늘어놨다. 과연 얼마나 도움이 될지 생각해보니 꽤나 부끄럽다. 그래도 어쩔 순 없다. 앞으로도 내가 할 일들과 이야기할 내용의 대부분은 돈 얘기뿐일 것 같다. 마케팅이란 게 원래 그렇다. 아무리 예쁘고 맘에 드는 집을 지어도 돈 빼면 남는 게 없다. 아직도 배울 게 많고 정리해야 할 부분도 한참 남았지만 지금까지 쌓아두었던 밑천을 남기지 않고 모두 털어놓을 생각이다.

마지막으로 정말 당부하고 싶은 얘기가 있다. 펜션? 정말 힘들고 고된 사업이다. 돈? 쓰기 전에 벌 궁리가 먼저다. 이 점만 잊지 않아도 수익형 펜션 창업의 절반은 성공이라고 장담한다. 부족한 내용 끝까지 읽어주신 분들께 고개 숙여 감사드린다.

수 익 형
펜션 창업
절대
실패하지 **않을** 조언 **19**가지

초판 1쇄   2019년 01월 25일

지은이   전용환
발행인   김재홍
디자인   이슬기
교정·교열   김진섭
마케팅   이연실

발행처   도서출판 지식공감
등록번호   제396-2012-000018호
주소   경기도 고양시 일산동구 견달산로225번길 112
전화   02-3141-2700
팩스   02-322-3089
홈페이지   www.bookdaum.com
이메일   bookon@daum.net

가격   18,000원
ISBN   979-11-5622-427-3 03320

CIP제어번호   CIP2019000337
이 도서의 국립중앙도서관 출판예정도서목록(CIP)은 서지정보유통지원시스템 홈페이지(http://seoji.nl.go.kr)
와 국가자료공동목록시스템(http://www.nl.go.kr/kolisnet)에서 이용하실 수 있습니다.